頭にしみこむ
メモリータイム！

寝る前5分
暗記ブック

英会話フレーズ集
〈基礎編〉

Gakken

もくじ

もくじ ……………………………………………………………… 2
この本の特長と使い方 …………………………………………… 6

★ レベル1　知っておきたい！　基本パターン29

- 001 ～をありがとう　Thanks for … ……………………… 9
- 002 (私は)～です　I'm … …………………………………… 11
- 003 ～が好き　I like … ……………………………………… 13
- 004 (ここに)～がある　Here's … …………………………… 15
- 005 ～がある　There's … …………………………………… 17
- 006 ～していただけますか？　Could you …? ……………… 19
- 007 ～だよね？　…, right? …………………………………… 21
- 008 ～したいのですが　I'd like to … ………………………… 23
- 009 何て～！　What a …! …………………………………… 25
- 010 何て～！　How …! ……………………………………… 27
- 011 ～してもいい？　Can I …? ……………………………… 29
- 012 (気分が)とても～　I feel so … ………………………… 31
- 013 (あなたって)とても～　You're so … …………………… 33
- 014 ～に見える　It looks … ………………………………… 35
- 015 ～に聞こえる　It sounds … ……………………………… 37
- 016 ～を持ってる／～がある　I have … …………………… 39
- 017 ～，お願いします　…, please. …………………………… 41
- 018 ～しないといけない　I have to … ……………………… 43
- 019 (私は)～になってきてる　I'm getting … ……………… 45
- 020 ～になってきてる　It's getting … ……………………… 47
- 021 ～がない　I'm out of … ………………………………… 49
- 022 ただ～してるだけ　I'm just … ………………………… 51
- 023 ～はどうだった？　How was …? ……………………… 53

024	～するのはやめて　Stop ...	55
025	(私は)まだ～　I'm still ...	57
026	～ができる　I can ...	59
027	～ができない　I can't ...	61
028	～を願ってる　I hope ...	63
029	～みたいだね　It's like ...	65

★ レベル2　これは使える！　パターン28

030	～してうれしい　I'm happy to ...	67
031	(私は)そこまで～じゃない　I'm not that ...	69
032	～でした　I was ...	71
033	～してごめんなさい　I'm sorry for ...	73
034	～する予定　I'm going to ...	75
035	～する準備はできてる　I'm ready to ...	77
036	～させて　Let me ...	79
037	～する気がしない　I don't feel like ...	81
038	絶対に～しない　I won't ...	83
039	～できなかった　I couldn't ...	85
040	～は／～がある？　Is there any ...?	87
041	～持ってる？　Do you have any...?	89
042	～が楽しみ　I'm looking forward to ...	91
043	～には慣れてる　I'm used to ...	93
044	～しなくちゃいけないの？　Do I have to ...?	95
045	～は得意じゃない　I'm not good at ...	97
046	(私は)何を～すべきかな？　What should I ...?	99
047	～しなくてもいいよ　You don't have to ...	101
048	～はどう？　How do you like ...?	103
049	～はいらない　No more ...	105

050	～は終わった？ Are you done with ...?	107
051	どうやったら～できるの？ How can I ...?	109
052	どこで～できるの？ Where can I ...?	111
053	あなたは～じゃないの？ Aren't you ...?	113
054	～をもらえますか？ Can I have ...?	115
055	～はいかがですか？ Would you like to ...?	117
056	～するの忘れないでね Don't forget to ...	119
057	～したら？ Why don't you ...?	121

★レベル3 気持ちが伝わる！ パターン20

058	～があまり好きじゃない I don't really like ...	123
059	～してほしいです I want you to ...	125
060	～を探してる I'm looking for ...	127
061	～したことある？ Have you ever ...?	129
062	～しても大丈夫？ Is it OK if I ...?	131
063	～と思うんだけど ..., I guess.	133
064	～しようと思ってる I'm thinking of ...	135
065	～するのは簡単 It's easy to ...	137
066	～についてどう思う？ How do you feel about ...?	139
067	たぶん～した方がいいな Maybe I should ...	141
068	～したことがない I've never ...	143
069	～する価値がある It's worth ...	145
070	～過ぎて…できない It's too ～ to ...	147
071	～というわけじゃない It's not that ...	149
072	～に違いない It must be ...	151
073	～が見つかった I found ...	153
074	そろそろ～する時間だよ It's about time to ...	155
075	ちょっと～ ～ a little bit ...	157

| 076 | ～する方がいい | I'd rather ... | 159 |
| 077 | 何か～ | ~ kind of ... | 161 |

★ レベル4　会話が深まる！　パターン23

078	残念だけど～	I'm afraid (that) ...	163
079	疲れ過ぎて～できない	I'm too tired to ...	165
080	～しはじめた	I started to ...	167
081	～することに決めた	I decided to ...	169
082	～をなくした	I've lost ...	171
083	～次第だ	It depends on ...	173
084	つい～しちゃう	I just can't help ...	175
085	前はよく～した	I used to ...	177
086	～すればよかった	I should have ...	179
087	～しなければよかった	I shouldn't have ...	181
088	ただ～したかっただけ	I just wanted to ...	183
089	～するつもりはなかった	I didn't mean to ...	185
090	～の仕方が分からない	I don't know how to ...	187
091	どのくらい～？	How long has it been ...?	189
092	～するのに苦労してる	I have trouble ...	191
093	何とか～できた	I managed to ...	193
094	～は絶対にしたくない	Last thing I want to do is ...	195
095	～さえあればいい	All I need is ...	197
096	もう～した	I've already ...	199
097	きみが～すると思ってた	I knew you'd ...	201
098	～にはうんざり	I'm fed up with ...	203
099	～できたらいいのに	I wish I could ...	205
100	～するように言われた	I was told to ...	207

索引 209

この本の特長と使い方

★ この本の特長

🌠 暗記に最も適した時間「寝る前」で, 効率よく暗記!

　この本は,「寝る前の暗記が記憶の定着をうながす」というメソッドをもとに, 英会話の基礎を覚えて, 英語で自然なコミュニケーションがとれるようになることをめざす参考書です。

　暗記に最適な時間を上手に活用して, 基礎の英語表現を効率よく学習しましょう。

🌙 100パターンの英語表現を覚えて, 英会話力をしっかり身につける!

　多くの英会話本では, 2000, 3000とフレーズの量の多さをウリにしています。しかし, そういったたくさんの例文を丸暗記するだけでは, 言いたいことがとっさに口に出るようにはなかなかならないのが現実です。

　そこで本書では, 役立つ100パターンを厳選し, その会話例や単語などを入れ替えた例文を学習していくことで, とっさの英会話力が身につく最短のトレーニング法で構成しました。この本に載っているパターンはどれも中学レベルの文法で, かつ応用のきくパターンなので, どんどん単語を入れ替えて自分の話したいことを言ってみましょう。とっさの英会話力を身につけることができます。

★ この本の使い方

この本は1日2ページの構成になっていて、5分間で手軽に読めるようにまとめてあります。赤フィルターを使って、赤文字の要点部分をチェックしてみましょう。

① 1ページ目の「今夜おぼえるパターン」では、ミニミニ会話とイラストを使って、テーマのパターンを理解しやすいようにまとめています。

ミニミニ会話とそのポイントを読んで、パターンの基礎知識を覚えましょう。

② 2ページ目の「今夜のおさらい」では、1ページ目のパターンに単語などを入れ替えた例文で、他の言い方を学習します。

赤フィルターで英文をかくして、日本語からどんな英文になるのかを考えてみましょう。

「寝る前にもう一度」で、最後にミニミニ会話を思い出して口に出して言ってみましょう。

★ 音声無料ダウンロードについて

　本書に掲載されているすべてのパターンと例文を収録した音声を無料でご利用いただけます。PCから下記のURLにアクセスし，音声ファイルをダウンロードしてください。

https://webgk.gakken.jp/eikaiwa

　ダウンロードできるのは，圧縮されたMP3形式の音声ファイルです。圧縮ファイルを解凍し，iTunesやWindows Media Playerなどの再生ソフトを使って再生してください。

※お客さまのインターネット環境によってダウンロードができない場合，当社は責任を負いかねます。ご理解ご了承いただきますよう，お願いいたします。

> 音声をダウンロードしてどんどん聞こう!!

★ 音声の活用法について

🐱 英語を話せるようになるためには，同時に英語を聞き取る力を養うことが大切です。本を見ながら音声を聞くのはもちろんのこと，例文の日本語音声も収録されているので，本を持ち歩かずにリスニングのみでトレーニングできるようになっています。通勤・通学や家事の時間など，スキマ時間を利用し繰り返し聞いて耳を慣らしましょう。

🐱 実際に英語を口に出して練習しましょう。英語の音声の後に続けて自分でも声に出して言ってみる，また日本語の音声を聞いて，その英文を自分でも言ってみる，という発話練習が有効です。何度聞いても聞き取りにくかったり，発音がうまくできないものには，チェックをつけておいて，後で再度確認してみましょう。声に出してアウトプットした分だけ，英語が確実に身についていくことでしょう。

知っておきたい！　基本パターン29

★ 今夜おぼえるパターン

🌙 001

〜をありがとう
Thanks for ...

レベル1

会話

A : **Thanks for** taking me to dinner last night.
昨夜はディナーに連れてってくれてありがとう。

B : No problem. I hope you enjoyed.
どういたしまして。楽しんでくれたならうれしいな。

ポイント

感謝の気持ちを表現するとき，いつも Thank you. だけでは少し物足りないですね。Thanks for .... で，具体的に何について感謝しているかを伝えてみましょう。

★ 今夜のおさらい

1 待っててくれてありがとう。
[Thanks for] waiting.

2 来てくれてありがとう。
[Thanks for] coming.

> 招待されたときは Thanks for inviting me. と言えばいいよ。

3 メールありがとう。
[Thanks for] your email.

4 手伝ってくれてありがとう。
[Thanks for] your help.

5 アドバイスをありがとう。
[Thanks for] your advice.

> 「いろいろとありがとう」と言いたければ、Thanks for everything. で OK だよ。

💤 寝る前にもう一度 （答えは p.9 を見よう）

A: 昨夜はディナーに連れてってくれてありがとう。
B: どういたしまして。楽しんでくれたならうれしいな。

知っておきたい！ 基本パターン29

★ 今夜おぼえるパターン

🌙 002

（私は）〜です
I'm ...

レベル1

💬 ミニミニ会話

A: **I'm** a university student.
大学生です。

B: What's your major?
専攻は何ですか？

ポイント

自己紹介の際，または自分の名前や職業，感情などを表すときに使える表現です。I'm at the airport. など，前置詞と一緒に使って自分が今いる場所を伝えることもできます。

★今夜のおさらい

1. すごく眠い。
   I'm so sleepy.

2. ただいま。
   I'm home.

   > 家の奥にいる人などに向かって「帰ったよー！」と伝えたいときなどに使うよ。

3. 今すぐ行くよ。
   I'm coming right now.

4. 金欠なんだよね。
   I'm broke.

   > broke は「一文なしの」という意味の形容詞だよ。

5. 高所恐怖症なんだ。
   I'm afraid of heights.

寝る前にもう一度（答えはp.11を見よう）

A: 大学生です。
B: 専攻は何ですか？

知っておきたい！ 基本パターン29

★ 今夜おぼえるパターン

🌙 003

～が好き
I like ...

レベル1

会話

A: I got a new bag.
新しいバッグ買ったんだ。

B: It's nice! **I like it** a lot.
素敵だね！
すごくいいよ。

ポイント

気に入ったものや好きな食べ物，趣味などについて話すときは，I like ....を使いましょう。話している相手に対してI like your tie.などと言うと「素敵なネクタイですね」というほめ言葉になり，会話が弾むきっかけになります。

13

★今夜のおさらい

1 野球を見るのが好きなんだ。
 I like watching baseball games.

> 「〜するのが好き」と言うときは〈動詞の ing 形〉をつければいいよ。

2 そっちの方がいいな。
 I like it better.

3 夏より冬の方が好き。
 I like winter better than summer.

4 彼の話し方が好き。
 I like the way he speaks.

5 こっちもいいね。
 I like this, too.

> 大好きって言いたいときは love が使えるよ。

💤 **寝る前にもう一度** (答えはp.13を見よう)
A: 新しいバッグ買ったんだ。
B: 素敵だね！ すごくいいよ。

知っておきたい！　基本パターン29

★今夜おぼえるパターン

🌙 004

（ここに）〜がある
Here's ...

レベル1

🗨会話

A: **Here's** a letter for you.
手紙だよ。

B: Thanks. I was waiting for this.
ありがとう。待ってたんだ。

ポイント

Here's は Here is の略です。相手に何かを渡しながら言えば,「〜をどうぞ」という意味になります。「ここ」にあるものが複数の場合は, is を are にして, Here are your shoes. などと言います。

★今夜のおさらい

① はい、ジャケット。
Here's your jacket.

② おもしろい記事が載ってるよ。
Here's an interesting article.

③ はい、おつりです。
Here's your change.

> change には「おつり」って意味もあるんだ。

④ ここ、私が前に働いてたところだよ。
Here's where I used to work.

⑤ きみにあげたいものがあるんだ。
Here's something for you.

> プレゼントを差し出しながら言うとピッタリ。

💤 寝る前にもう一度 (答えはp.15を見よう)
A: 手紙だよ。
B: ありがとう。待ってたんだ。

知っておきたい！　基本パターン29

★ 今夜おぼえるパターン

005

〜がある
There's ...

早早会話

A: When is the deadline? I might miss it.
締め切りいつだっけ？　間に合わないかも。

B: Don't worry. **There's** still a lot of time.
大丈夫。まだまだ時間はあるよ。

ポイント

There's .... は There is の略で、「〜がある」ということを表せます。near here「近くに」や under the table「テーブルの下に」など場所を表す語句が続くことも多いです。複数のものがあるときは、There're を使いましょう。

レベル1

★ 今夜のおさらい

1 この近くに好きなレストランがあるんだ。
[There's] my favorite restaurant near here.

2 今日授業ないよ。
[There's] no class today.

> 「可能性なし」は There's no chance.

3 まだ返事がないね。
[There's] no reply yet.

4 あの角を曲がったところにお寿司屋さんがあるよ。
[There's] a sushi restaurant around the corner.

5 今夜は満月だよ。
[There's] a full moon tonight.

> ちなみに三日月は a crescent moon って言うんだ。

💤 寝る前にもう一度 (答えはp.17を見よう)

A: 締め切りいつだっけ？ 間に合わないかも。
B: 大丈夫。まだまだ時間はあるよ。

知っておきたい！　基本パターン29

★今夜おぼえるパターン

🌙 006

〜していただけますか？
Could you ...?

レベル1

ミニミニ会話

A: Could you help me with this box? It's really heavy.
この箱を運ぶのを手伝っていただけますか？
とても重いんです。

B: Sure!
いいですよ！

ポイント

丁寧に依頼するときに使う表現です。could は can の過去形ですが、この場合は過去の意味ではなく、「もしできれば」という意味を含んでいます。そのため Could you ...? は Can you ...? よりも丁寧な印象になるのです。

★ 今夜のおさらい

1 少し右に動いていただけますか？
 Could you move a little to the right?

2 お名前のスペルを言っていただけますか？
 Could you spell your name?

3 もう一度言っていただけますか？
 Could you say that again?

4 お水を取っていただけますか？
 Could you pass me the water, please?

5 これの使い方を教えていただけますか？
 Could you tell me how to use this?

> Could you tell me ...? は，人に何かを教えてもらいたいときに使える定番表現だね。

寝る前にもう一度 （答えは p.19 を見よう）

A: この箱を運ぶのを手伝っていただけますか？ とても重いんです。
B: いいですよ！

知っておきたい！ 基本パターン29

★今夜おぼえるパターン

007

〜だよね？
..., right?

レベル1

ミニミニ会話

A: Your place is near the station, **right?**
きみの家，駅から近いんだよね？

B: It's only a five-minute walk.
歩いて5分だよ。

ポイント

「〜だよね？」「〜で合ってる？」などと，念のため確認したいときに使える表現です。文末につけ足すだけでよいので，とても便利なパターンです。

★今夜のおさらい

❶ このスペルで合ってるよね？
This spelling is correct, right?

❷ 8時にはじまるんだよね？
It starts at 8, right?

語尾は上げてね。

❸ 赤だったよね？
It was red, right?

❹ 冗談だよね？
You must be kidding, right?

must beのパターンは151ページに出てくるよ。

❺ 彼の誕生日って1月だよね？
His birthday is in January, right?

💤 寝る前にもう一度 （答えはp.21を見よう）
A: きみの家，駅から近いんだよね？
B: 歩いて5分だよ。

知っておきたい！ 基本パターン29

☐ 月　日
☐ 月　日

★ 今夜おぼえるパターン

🌙 008

～したいのですが
I'd like to ...

レベル1

ミニミニ会話

A: **I'd like to** eat something spicy.
何か辛いもの食べたいな。

B: What about Indian food?
インド料理なんてどう？

ポイント

〈I'd like to+動詞〉は「～したいのですが」という意味で、〈I want to+動詞〉よりも丁寧な表現です。I'dは、I wouldの略です。目上の人や初対面の人に自分の希望を伝えるときには I'd like to .... を使いましょう。

★ 今夜のおさらい

1 またお会いしたいです。
I'd like to see you again.

2 これを試着したいのですが。
I'd like to try this on.

> try on ... は「〜を試着する」という意味。靴や帽子にも使えるんだ。

3 何か飲みたいのですが。
I'd like to drink something.

4 いつお会いできるか知りたいのですが。
I'd like to know when I can meet you.

> 疑問詞を使った文が続くときは語順に注意だね。

5 参加したいのですが、無理です。
I'd like to join you, but I can't.

💤 寝る前にもう一度 （答えはp.23を見よう）

A:何か辛いもの食べたいな。
B:インド料理なんてどう？

知っておきたい！ 基本パターン29

★ 今夜おぼえるパターン

🌙 009

何て〜！
What a ...!

🗨 会話

A: **What a cute cat!**
かわいい猫だなあ！

B: I love her fluffy hair.
このフワフワした毛が最高だね。

ポイント

〈What a ＋形容詞＋名詞！〉，〈What a ＋名詞！〉で，感動や驚きを表現することができます。日常生活でうれしい驚き，意外な驚き，たくさんありますね。どんどん声に出してみてください。

レベル1

25

★ 今夜のおさらい

1 驚き！
What a surprise!

2 すごい偶然！
What a coincidence!

> coincidence の発音は「コゥインシデンス」。「イ」にアクセントがあるよ。

3 ほっとした！
What a relief!

4 本がいっぱい！
What a lot of books!

> 相手の意見に賛成するときは That's a great idea! もよく使うよ。

5 何ていい考え！
What a good idea!

寝る前にもう一度 （答えはp.25を見よう）

A: かわいい猫だなあ！
B: このフワフワした毛が最高だね。

知っておきたい！ 基本パターン29

★ 今夜おぼえるパターン

🌙 010

何て〜！
How ...!

ミニミニ会話

A: **How** lovely this accessory is!
このアクセサリー，素敵！

B: Yes, it's gorgeous. Also, it's all handmade.
うん，すごくきれいだね。しかも，全部手作りだって。

ポイント

〈How＋形容詞！〉も，感動や驚きを表すときによく使う表現です。We are lucky. は How lucky we are!，You look gorgeous. は How gorgeous you look! とスムーズに言い替えられるようにしておきましょう。

レベル1

★今夜のおさらい

1 すごく素敵！
How wonderful!

> Howの後の形容詞を強調して言うと効果的だよ。

2 このチョコ，すごく甘い！
How sweet this chocolate is!

3 今日は本当に寒い！
How cold it is today!

4 何て優しいの！
How kind you are!

5 すごいドジだわ私！
How silly I am!

> How kind of you! や How silly of me! とも言えるよ。

💤 寝る前にもう一度 （答えはp.27を見よう）

A：このアクセサリー，素敵！
B：うん，すごくきれいだね。しかも，全部手作りだって。

知っておきたい！ 基本パターン29

★ 今夜おぼえるパターン

🌙 011

〜してもいい？
Can I ...?

会話

A: **Can I** have a bite?
ひと口もらっていい？

B: Sure. It's yummy. Take some more.
うん。すごくおいしいよ。もっと取れば。

レベル1

ポイント

黙って何かしはじめるのではなく，Can I ...? と断りを入れるだけで，同じ行為でも印象が大きく変わるはずです。

★ 今夜のおさらい

1 ちょっと話せるかな?
Can I talk to you for a second?

2 明日会える?
Can I see you tomorrow?

3 これ使ってもいい?
Can I use this?

> 丁寧に許可を求めるときはMay I ...?を使うといいよ。

4 暖房つけてもいい?
Can I turn on the heater?

> 消すときは turn off だよ。

5 一緒に行ってもいい?
Can I go with you?

💤 寝る前にもう一度 (答えはp.29を見よう)

A: ひと口もらっていい?
B: うん。すごくおいしいよ。もっと取れば。

知っておきたい！ 基本パターン29

★ 今夜おぼえるパターン

🌙 012

（気分が）とても〜
I feel so ...

レベル1

🗨 会話

A: **I feel so** tired.
すごく疲れてる。

B: You don't look very well. You should lie down for a while.
調子悪そうだね。ちょっと横になった方がいいよ。

ポイント

feel は「（心や体で何かを）感じる」という意味です。後ろに happy「幸せな」, worried「心配な」など感情を表す形容詞を続けます。強調を表す so を一緒に使って, 自分の感情を豊かに伝えてみましょう。

★ 今夜のおさらい

1 すごく緊張してる。
I feel so nervous.

2 すっごく気分がいい。
I feel so good.

> ものすごく強調したいときは、soを力を込めて言ってみて。

3 すごく幸せ。
I feel so happy.

4 すっごく恥ずかしい。
I feel so embarrassed.

> 人前で恥をかくなど、きまり悪い思いをしたときにピッタリの表現だよ。

5 今日はやたらついてる。
I feel so lucky today.

寝る前にもう一度 （答えはp.31を見よう）
A: すごく疲れてる。
B: 調子悪そうだね。ちょっと横になった方がいいよ。

知っておきたい！ 基本パターン29

★ 今夜おぼえるパターン

013

（あなたって）とても〜
You're so ...

レベル1

ミニミニ会話

A : I was selected as a team leader.
チームリーダーに抜てきされたんだ。

B : Excellent! You're so talented.
すごい！ すごく才能あるもんね。

ポイント

自分が相手のことをどう思っているかを率直に伝えられる表現です。ほめたり，怒ったり，さまざまな状況で活用できます。

★ 今夜のおさらい

1 すごく優しいね。
You're so sweet.

> sweetには、食べ物が「甘い」以外の意味もあるんだね。

2 自分勝手過ぎるよ。
You're so selfish.

3 本当に意地が悪いね。
You're so mean.

4 とっても思いやりがあるね。
You're so thoughtful.

> thought「考え」に、ful「満ちた」でthoughtful「思いやりがある」なんだね。

5 本当に大人げないね。
You're so childish.

寝る前にもう一度 （答えはp.33を見よう）
A: チームリーダーに抜てきされたんだ。
B: すごい！ すごく才能あるもんね。

知っておきたい！　基本パターン29

★ 今夜おぼえるパターン

🌙 014

～に見える
It looks ...

会話

A: I got burnt on the right hand.
右手にやけどしちゃった。

B: It looks really bad. How did you do that?
すごく痛そう。どうしたの？

ポイント

〈It looks ＋ 形容詞〉は「～のように見える」という意味で、実際はどうか分からないけれど、見た目や様子から判断したことを表現するときに使います。後ろに名詞を入れるときはIt looks like rain.「雨が降りそう」のようにlikeを入れます。

レベル1

★ 今夜のおさらい

① すごくおいしそう。
It looks delicious.

> 「おいしい」は good, great, lovely などさまざまな語で表現できるよ。

② 大丈夫そうだよ。
It looks fine.

③ 高そうだね。
It looks expensive.

> It looks cheap. と言うのは控えておこう。

④ なかなかよさそうだね。
It looks pretty good.

⑤ おもしろそう！
It looks like fun!

💤 **寝る前にもう一度**（答えはp.35を見よう）
A: 右手にやけどしちゃった。
B: すごく痛そう。どうしたの？

知っておきたい！　基本パターン29

★ 今夜おぼえるパターン

015

〜に聞こえる
It sounds ...

レベル1

ミニミニ会話

A: **It sounds** boring.
つまらなそうなんだけど。

B: Believe me. It's really exciting.
信じてよ。
絶対おもしろいから。

ポイント

〈It sounds＋形容詞〉は,「〜のように聞こえる, 〜のように思える」という意味で, 聞いたり読んだりして判断したことを伝えるときに使います。人の話を聞いてちょっと感想を言いたいときなどに, とても便利な表現です。

★今夜のおさらい

🐾① すごいね。
It sounds amazing.

🐾② 怖そう。
It sounds scary.

> Sounds perfect! のように、It が省略されることも多いよ。

🐾③ 興味深いですね。
It sounds interesting.

🐾④ 変だね。
It sounds weird.

> weirdは「変な、奇妙な」という意味だよ。[ウィアード]って発音するんだ。

🐾⑤ 完璧だね。
It sounds perfect.

💤 寝る前にもう一度 （答えはp.37を見よう）
A: つまらなそうなんだけど。
B: 信じてよ。絶対おもしろいから。

知っておきたい！　基本パターン29

★今夜おぼえるパターン

🌙 016

～を持ってる／～がある
I have ...

🗨🗨会話

A : **I have** nothing to do now.
今，何にもすることがないんだ。

B : Do you want to do some shopping for me?
じゃあちょっと買い物してきてくれない？

ポイント

have an idea「考えがある」, have time「時間がある」, have a cat「猫を飼っている」, have a fever「熱がある」, have lunch「昼食をとる」など，haveはいろいろな場面で使える動詞です。

レベル1

★ 今夜のおさらい

1 犬を2匹飼ってるんだ。
[I have] two dogs.

2 質問があります。
[I have] a question.

> about ... と続けて，何についての質問か伝えることもできるよ。

3 あげたいものがあるんだ。
[I have] something to give you.

4 歯がものすごく痛い。
[I have] a terrible toothache.

> ache [エイク] は「痛み」って意味だよ。stomachache や headache もあるね。

5 クッキーもっとあるよ。
[I have] some more cookies.

💤 寝る前にもう一度 （答えはp.39を見よう）

A: 今，何にもすることがないんだ。
B: じゃあちょっと買い物してきてくれない？

知っておきたい！ 基本パターン29

★ 今夜おぼえるパターン

🌙 017

〜, お願いします
..., please.

会話

A : **Be quiet, please.**

　静かにしてください。

B : **Oh, sorry. We'll go outside.**

　あっ，ごめんなさい。外に出ますね。

ポイント

Coffee, please. のように名詞の後でも，I want ..., please. のように文の後でも，Could you do ..., please? のように依頼文の後でも，最後に，please と言い添えるだけで，丁寧でやわらかい語調になります。

レベル 1

★ 今夜のおさらい

❶ ハンバーガーを 1 つ, お願いします。
One hamburger, please.

> 注文するときの一番簡単な言い方だね。115ページに注文の表現がもっと出てくるよ。

❷ ねえ, 聞いて。
Listen to me, please.

❸ 遠慮せず質問してくださいね。
Don't hesitate to ask me a question, please.

❹ コーヒーを入れてくれるかな。
Make me some coffee, please.

❺ お名前をお聞きしてもよろしいですか?
May I have your name, please?

💤 寝る前にもう一度 (答えは p.41 を見よう)
A: 静かにしてください。
B: あっ, ごめんなさい。外に出ますね。

知っておきたい！　基本パターン29

★今夜おぼえるパターン

🌙 018

～しないといけない
I have to ...

会話

A : **I have to** go now.
　　もう行かなきゃ。

B : Have you got everything?
　　忘れ物ない？

ポイント

何かをしなければならないという場合、〈I have to + 動詞〉を使います。発音は [アイハフトゥ] で、[ハブ] とは濁らないことに注意しましょう。

レベル1

★ 今夜のおさらい

1. 急がなきゃ。
   I have to hurry.

   > 会話では I've got to .... も同じ意味でよく使われるよ。

2. 家を早めに出ないと。
   I have to leave home early.

3. 医者に行かなくちゃ。
   I have to go to see a doctor.

4. 明日までにこれを仕上げないと。
   I have to finish this by tomorrow.

5. もっと練習しなくちゃ。
   I have to practice more.

   > have to のパターンは 95ページ, 101ページ にも出てくるよ。

💤 寝る前にもう一度 (答えはp.43を見よう)

A: もう行かなきゃ。
B: 忘れ物ない？

知っておきたい！ 基本パターン29

★ 今夜おぼえるパターン

019

（私は）〜になってきてる
I'm getting ...

会話

A: I'm getting healthier.
健康的になってきてると思う。

B: That's good. Have you changed your diet?
それはよかったね。
食生活変えた？

ポイント

getにはさまざまな意味がありますが，ここでのgetは自動詞で，後ろに形容詞を続けて「（〜の状態）になる」という意味です。進行形にすることで，今現在変化している状態を伝えることができます。

レベル1

45

★ 今夜のおさらい

1 年とったなあ。
I'm getting old.

2 疲れてきた。
I'm getting tired.

> 疲れ切ってくたくたなときは tired の代わりに exhausted を使うといいよ。

3 お腹がすいてきた。
I'm getting hungry.

4 だんだん腹が立ってきた。
I'm getting angry.

> hungry and angry のコンビは避けたいなあ。

5 ワクワクしてきた。
I'm getting excited.

寝る前にもう一度 (答えは p.45 を見よう)

A: 健康的になってきてると思う。
B: それはよかったね。食生活変えた？

知っておきたい！　基本パターン29

★ 今夜おぼえるパターン

🌙 020

～になってきてる
It's getting ...

レベル1

会話

A: It's getting hotter day by day.
日に日に暑くなってきてるなあ。

B: Summer is here!
もう夏だね！

ポイント

It's getting .... で状況の変化を伝えることができます。it は漠然とした状況や，天候，時間などを表現する文の主語になります。

★ 今夜のおさらい

1 最近寒くなってきたね。
It's getting cold these days.

2 よくなってきてるよ。
It's getting better.

> better の反対は worse だよ。

3 だんだん暗くなってきた。
It's getting dark.

4 混んできた。
It's getting crowded here.

5 もうこんな時間だね。
It's getting late.

> 遅くなってきてるってこと。

💤 寝る前にもう一度 （答えはp.47を見よう）
A: 日に日に暑くなってきてるなあ。
B: もう夏だね！

知っておきたい！　基本パターン29

★ 今夜おぼえるパターン

🌙 021

〜がない
I'm out of ...

レベル1

会話

A : I'm out of ideas.
アイデアが全然浮かばないや。

B : Want some chocolate?
チョコでも食べる？

ポイント

I'm out of .... は「私には〜がない」という意味の表現で、具体的なもの、抽象的なもののどちらにも使えます。同じような意味で run out of ... もよく使われるので一緒に覚えておきましょう。

★今夜のおさらい

1. ついてないなあ。
   I'm out of luck.

2. お金がないや。
   I'm out of money.

3. 息が切れちゃったよ。
   I'm out of breath.

4. 今、失業中なんだよね。
   I'm out of a job now.

5. 時間がない。
   I'm out of time.

> ついてないときはWish me luck!と言ってみんなに幸運を祈ってもらおう。

> out of ... には「〜の外へ」「〜から離れて」という意味もあってI'm out of the office until ....「〜まで不在にしています」といったお知らせのメールでもよく使われるよ。

💤 寝る前にもう一度 （答えはp.49を見よう）
A: アイデアが全然浮かばないや。
B: チョコでも食べる？

知っておきたい！ 基本パターン29

★今夜おぼえるパターン

022

ただ〜してるだけ
I'm just ...

レベル1

会話

A: Where were you last night?
昨日の夜どこにいたの？

B: I was at home. Why?
家だよ。何で？

A: **I'm just** checking.
ちょっと気になっただけ。

ポイント

I'm just ....は、「ちょっと〜している」という意味の便利な表現です。ウインドーショッピングをしていて、店の人にMay I help you? と声をかけられたら、I'm just looking.「見てるだけです」と答えることができます。

★ 今夜のおさらい

① ただぶらぶらしているだけだよ。
`I'm just` hanging around.

② ちょっと興味持っただけだよ。
`I'm just` curious.

③ 何となくそう思っただけ。
`I'm just` guessing.

④ 明日の夜，空いてるかなあと思って。
`I'm just` wondering if you are free tomorrow night.

> I wonder .... は，「〜かなあと思う」という意味で，会話でよく使われるよ。

⑤ ほんの冗談だよ。
`I'm just` joking.

💤 寝る前にもう一度 （答えはp.51を見よう）

A：昨日の夜どこにいたの？
B：家だよ。何で？
A：ちょっと気になっただけ。

知っておきたい！ 基本パターン29

★ 今夜おぼえるパターン

023

～はどうだった？
How was ...?

ミニミニ会話

A: **How was** the test?
テストはどうだった？

B: It was hard, but I think I did well.
難しかったけど，よくできたと思う。

ポイント

How is ...?, How was ...? は相手に状況や感想を尋ねたいときに使う表現です。後ろに聞きたいことを続けます。続けて別のことについて尋ねるときは，How about ...? にするとより自然です。

★ 今夜のおさらい

① ハワイ旅行どうだった？
How was your trip to Hawaii?

② 週末どうだった？
How was your weekend?

> 月曜日の定番表現だね！

③ あの新しいお店の料理どうだった？
How was the food in that new restaurant?

④ あっちの天気はどんな感じだった？
How was the weather over there?

⑤ コンサートはどうだった？
How was the concert?

> 「コンサートはどうだった？」って聞かれて，すごくよかったときにはFantastic!とかAmazing!って言えるね。

💤 寝る前にもう一度 （答えはp.53を見よう）
A: テストはどうだった？
B: 難しかったけど，よくできたと思う。

知っておきたい！ 基本パターン29

★今夜おぼえるパターン

🌙 024

〜するのはやめて
Stop ...

レベル1

💬会話

A: It's really annoying. I don't want to do it.
それ本当に面倒。やりたくないなあ。

B: **Stop** being lazy and just get started.
だらだらしてないで、はじめなよ。

ポイント

相手にやめてほしいことを伝えるときに使います。Stopの後ろには〈動詞のing形〉が続くことを忘れないようにしましょう。また、Pleaseをつけると語調を和らげることができます。

★ 今夜のおさらい

① 文句言わないでよ。
Stop complaining.

> complainは「不平を言う，文句を言う」という意味の動詞だよ。グチや文句ばっかり言ってる人にはなりたくないなあ。

② やめてよ！
Stop it!

③ 詮索するのはやめなよ。
Stop being nosy.

> noseは「鼻」だよね。nosyは「詮索好きな，おせっかいな」という意味の形容詞だよ。

④ シャツを引っぱらないで。
Stop pulling my shirt.

⑤ 泣かないで。
Stop crying.

💤 **寝る前にもう一度**（答えはp.055を見よう）
A: それ本当に面倒。やりたくないなあ。
B: だらだらしてないで，はじめなよ。

知っておきたい！ 基本パターン29

★ 今夜おぼえるパターン

🌙 025

（私は）まだ〜
I'm still ...

レベル1

🗣 会話

A: Have you decided yet?
　　もう決めた？

B: I'm still thinking.
　　まだ考え中。

ポイント

ある動作や状態がまだ続いていることを表すには，副詞のstillを使います。1語加えるだけで「依然として〜だ」，「相変わらず〜だ」という意味になります。

★ 今夜のおさらい

❶ まだ仕事中だよ。
[I'm still] at work.

> 「まだ失業中だよ」の場合は I'm still out of work. って言えるね。

❷ 頼んだものがまだ来ないのですが。
[I'm still] waiting for my order.

❸ まだ怒ってる。
[I'm still] angry.

❹ 彼氏とはまだいい感じだよ。
[I'm still] happy with my boyfriend.

❺ まだ話してるんだけど。
[I'm still] talking.

> 誰かが話に割り込んできたときに使えるね。

💤 寝る前にもう一度 (答えはp.57を見よう)

A: もう決めた？
B: まだ考え中。

知っておきたい！ 基本パターン29

★今夜おぼえるパターン

🌙 026

〜ができる
I can ...

レベル1

会話

A: **I can** pick you up at the station.
　駅に迎えに行くよ。

B: Thanks. That really helps.
　ありがとう。すごく助かる。

ポイント

自分ができることを伝える場合や、「〜してもいいですよ」と承諾するときに使います。相手にできるかどうか尋ねたり、頼んだりするときは疑問文の Can you ...? を使います。

★ 今夜のおさらい

❶ 彼が何を考えてるか分かるんだ。
I can tell what he's thinking.

❷ それ手伝うよ。
I can help you with that.

❸ 見たことしか言えないよ。
I can only tell you what I saw.

> can only は「〜だけはできる」が転じて，「〜しかできない」という意味になるよ。

❹ 彼は信用できる。
I can trust him.

❺ もう少し一緒にいられるよ。
I can stay with you for a while.

💤 寝る前にもう一度 （答えはp.59を見よう）
A：駅に迎えに行くよ。
B：ありがとう。すごく助かる。

知っておきたい！ 基本パターン29

★ 今夜おぼえるパターン

027

～ができない
I can't ...

レベル1

会話

A: I can't stand his attitude.
あいつの態度には我慢できないな。

B: Me neither. He is so arrogant.
私もだよ。すごく横柄だよね。

ポイント

自分ができないこと，する能力がないことを伝えるときの表現です。人からの依頼や誘いを断るときには，I can't の前に I'm sorry や I'm afraid を入れると，「残念ですが～できません」と丁寧に言うことができます。

★今夜のおさらい

1 どんなに大変だったか想像もつかないよ。
[I can't] imagine how hard it was.

2 これはできないなあ。
[I can't] do this.

> I can't wait! は「待つことができない」→「待ち遠しい！」ってことだよ。

3 またすぐ会いたい。
[I can't] wait to see you again.

4 高過ぎて今は買えない。
[I can't] afford it now.

5 あの女の人が誰だか思い出せないよ。
[I can't] remember who that lady is.

> 信じられない出来事に遭遇したら、お腹の底から思いっきり I can't believe it! って言おうね。

😴 寝る前にもう一度 （答えはp.61を見よう）

A: あいつの態度には我慢できないな。
B: 私もだよ。すごく横柄だよね。

知っておきたい！ 基本パターン29

★ 今夜おぼえるパターン

🌙 028

〜を願ってる
I hope ...

レベル1

ミニミニ会話

A: Wow, is this for me? Thank you very much!
わあ，これくれるんだ。どうもありがとう！

B: You're welcome. **I hope** you like it.
どういたしまして。気に入ってくれるといいな。

ポイント

自分の願望や期待を表したいときに使います。実現する可能性のあることや，期待できそうなことを hope の後ろに続けると，「〜だといいなあ」という意味になります。

★今夜のおさらい

1 早くよくなるといいね。
[I hope] you'll get better soon.

2 うまくいくといいなあ。
[I hope] it goes well.

3 迷惑かけてないといいんだけど。
[I hope] I'm not bothering you.

4 旅行楽しんできてね。
[I hope] you enjoy your trip.

5 怒らせてないといいんだけど。
[I hope] I didn't upset you.

> 相手が言ったことを受けて、「そうだといいなあ」って言いたいときには I hope so. で表せるよ。「そうじゃないといいなあ」は I hope not. だね。

💤 寝る前にもう一度 （答えはp.63を見よう）
A: わあ，これくれるんだ。どうもありがとう！
B: どういたしまして。気に入ってくれるといいな。

知っておきたい！ 基本パターン29　　□ 月　日
　　　　　　　　　　　　　　　　　　□ 月　日

★ 今夜おぼえるパターン

🌙 029

～みたいだね
It's like ...

レベル1

会話

A: **It's like** spring outside.
外は春みたいだよ。

B: Do you think I need a coat?
コートいると思う？

ポイント

「～みたいな感じ」「まるで～のよう」という意味の表現です。後ろに続くのは名詞や形容詞の他，文が続くことも多いです。

★ 今夜のおさらい

1 新品みたい。
It's like new.

> 「〜が好き」っていう意味の like じゃないことに注意しようね。

2 高校生のときに戻ったみたい。
It's like I'm back in my high school days.

3 まるで別世界だね。
It's like a different world.

4 私にとっては悪夢だわ。
It's like a nightmare to me.

5 こんな感じだよ。
It's like this.

> 手順などを見せながら、説明するときに使えるね。

寝る前にもう一度 (答えはp.65を見よう)

A: 外は春みたいだよ。
B: コートいると思う？

これは使える！ パターン28

★今夜おぼえるパターン

🌙 030

~してうれしい
I'm happy to ...

ミニミニ会話

A: I'm happy to see you again. It's been a while.
また会えてうれしい。久しぶりだよね。

B: Yeah, 2 years? You haven't changed a bit.
うん，2年ぶりだっけ？ 全然変わってないね。

ポイント

「~してうれしい」「喜んで~します」という意味の表現です。何か頼まれた後に I'm happy to! と言うと「はい喜んで！」と気持ちのよい返事になります。

レベル2

★今夜のおさらい

①（相手の話を聞いて）よかったね。
I'm happy to hear that.

> 「それを聞いてうれしいよ」→「よかったね」ってことだよ。

② またここに来られてうれしい。
I'm happy to be back here.

③ お役に立ててうれしいです。
I'm happy to help you.

④ こんな大きなイベントに関わることができてうれしいです。
I'm happy to be part of this big event.

> be part of ... は「～の一員である」っていう意味だよ。

⑤ これには喜んでお金出すよ。
I'm happy to pay for this.

💤 **寝る前にもう一度**（答えはp.67を見よう）
A：また会えてうれしい。久しぶりだよね。
B：うん，2年ぶりだっけ？　全然変わってないね。

これは使える！ パターン28

★ 今夜おぼえるパターン

031
（私は）そこまで〜じゃない
I'm not that ...

ミニミニ会話

A : I'm not that attracted to my boyfriend.
彼氏にそこまでは魅力，感じてないの。

B : Then, why are you seeing him?
じゃあ，何でつきあってるの？

ポイント

ここでのthatは，前述の何か具体的な程度や数量に対して「そこまでは〜」という意味を表す副詞です。特に具体的な比較の対象がなく「そんなに」と言いたいときはsoを使います。似ていますがニュアンスが異なるので，使い分けましょう。

レベル2

★ 今夜のおさらい

❶ 私, そこまで強くないよ。
I'm not that strong.

> 相手に実際の年齢よりも老けて見られたら I'm not that old!「そこまで年取ってないよ！」なんて切り返してみて。

❷ そこまで頭よくないって。
I'm not that smart.

❸ もうそこまでTVゲームにはまってないよ。
I'm not that into playing video games anymore.

> be into ... は「〜にはまる, 夢中になる」という意味。簡単で便利な表現だね。

❹ この辺りは, それほど詳しくないです。
I'm not that familiar with this area.

❺ そこまではお腹へってないんだよなあ。
I'm not that hungry.

寝る前にもう一度 (答えはp.69を見よう)
A: 彼氏にそこまでは魅力, 感じてないの。
B: じゃあ, 何でつきあってるの？

これは使える！ パターン28

★ 今夜おぼえるパターン

🌙 032

〜でした
I was ...

会話

A: I didn't see you yesterday. Were you busy?
昨日見かけなかったね。忙しかったの？

B: No. I was sick and I couldn't get out of bed all day.
ううん。具合悪くて丸一日起きられなかったんだ。

ポイント

I was ....は，過去の自分の状態や感情などを表すときに使う表現です。was は am，is の過去形です。

★ 今夜のおさらい

① 彼女の話には感動したよ。
[I was] touched by her story.

② 彼の仕事ぶりには触発されたね。
[I was] inspired by his work.

③ その時イライラしてた。
[I was] irritated then.

> 動詞の過去分詞が形容詞として使われる場合も多いんだ。surprised や excited などもよく使われるよ。

④ そのニュースを聞いてショックだった。
[I was] shocked to hear the news.

⑤ 訳が分からなくなってた。
[I was] confused.

💤 寝る前にもう一度 (答えはp.71を見よう)

A: 昨日見かけなかったね。忙しかったの？
B: ううん。具合悪くて丸一日起きられなかったんだ。

これは使える！　パターン28

★ 今夜おぼえるパターン

🌙 033

～してごめんなさい
I'm sorry for ...

💬 会話

A: **I'm sorry for the sudden request.**
急な依頼ですみません。

B: **We should help each other when in need.**
困ったときはお互いさまですよ。

ポイント

謝るときは，I'm sorry. だけで済ませるのではなく，I'm sorry for .... で，何について申し訳なく思っているのかを具体的に示すとよいでしょう。

★ 今夜のおさらい

1 遅れてすみません。
I'm sorry for being late.

2 間違えてしまってすみません。
I'm sorry for my mistake.

3 イライラしちゃってごめんね。
I'm sorry for being impatient.

4 迷惑をかけてしまってごめんなさい。
I'm sorry for troubling you.

5 心配させてごめんね。
I'm sorry for making you worry.

> 相手に謝られたときは No problem.「問題ないよ」That's OK.「大丈夫だよ」Never mind.「気にしないで」なんて返してあげると，相手は安心するはず。

寝る前にもう一度（答えはp.73を見よう）
A: 急な依頼ですみません。
B: 困ったときはお互いさまですよ。

これは使える！ パターン28

★ 今夜おぼえるパターン

🌙 034

〜する予定
I'm going to ...

会話

A: I'm going to have lunch now.
今からランチしに行くよ。

B: I'll join you later. Usual cafe?
後で行くね。いつものカフェ？

ポイント

すでに決まっている今後の予定や，やると決めていることについて話すときは I'm going to .... を使いましょう。今決めたばかりの予定について話すときは，I'll (= I will)を使います。

レベル2

★ 今夜のおさらい

❶ 来週彼女に会う予定だよ。
`I'm going to` see her next week.

> 話し言葉ではI'm going toは I'm gonna になることも多いよ。

❷ もう寝るところだよ。
`I'm going to` sleep soon.

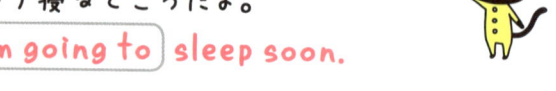

❸ もうすぐ30歳になる。
`I'm going to` be thirty soon.

❹ 新しいテレビを買うつもりなんだ。
`I'm going to` buy a new TV set.

❺ 着替えてくるね。
`I'm going to` change my clothes.

> 他にも、〈I'm going to＋場所〉で「〜に行くところです」「〜に向かっています」っていう意味も表せるよ。用途に応じて使いこなそう！

💤 寝る前にもう一度 （答えはp.75を見よう）
A: 今からランチしに行くよ。
B: 後で行くね。いつものカフェ？

これは使える！ パターン28

★ 今夜おぼえるパターン

035

〜する準備はできてる
I'm ready to ...

レベル2

🗨会話

A: I'm ready to order.
もう頼むもの決まったよ。

B: What are you having?
何にするの？

ポイント

「〜する準備ができている」「いつでも（喜んで）〜します」、「今にも〜しそう」と言いたいときに使います。I'm ready for my exams.「試験の準備はできています」の〈be ready for + 名詞〉のように、前置詞 for に名詞を続けることもできます。

77

★ 今夜のおさらい

① もう出かける準備はできてるよ。
I'm ready to leave now.

② 食べる準備はできてるよ。
I'm ready to eat.

> 「早く食べたい」っていう意味も含まれてるよ。

③ いつでも手伝うからね。
I'm ready to help you.

> ready は L じゃなくて R だからね。しっかり巻き舌で発音しよう。

④ いつでも寝られる。
I'm ready to sleep.

⑤ 次に進む準備万端。
I'm ready to take the next step.

💤 寝る前にもう一度 (答えはp.77を見よう)

A:もう頼むもの決まったよ。
B:何にするの？

これは使える！ パターン28

★ 今夜おぼえるパターン

036

〜させて
Let me ...

会話

A: Let me tell you something.
ちょっと言わせてもらいたいんだけど。

B: What is it? Something bad?
何？ よくないこと？

ポイント

let は「(人)に〜させる，(人)が〜することを許可する」という意味の動詞です。つまり〈Let me ＋動詞の原形〉は直訳すると「私に〜させてください」ですが，自分がしたいことや相手のためにしてあげたいことを控えめに言うことができる表現です。

レベル2

★ 今夜のおさらい

① 用意できたら教えてね。
[Let me] know when you are ready.

② ちょっと見せて。
[Let me] have a look.

> 間をつなぐ言葉、Let me see.「えーっと…」も一緒に覚えちゃおう。

③ ちょっとアドバイスさせて。
[Let me] give you some advice.

④ お会計は私がするよ。
[Let me] pay the bill.

> 「お会計」はイギリスではbill、アメリカではcheckと言うことが多いんだよ。

⑤ それ手伝わせて。
[Let me] do that.

💤 寝る前にもう一度 （答えはp.79を見よう）

A: ちょっと言わせてもらいたいんだけど。
B: 何？　よくないこと？

これは使える！ パターン28

★ 今夜おぼえるパターン

🌙 037

〜する気がしない
I don't feel like ...

レベル2

早早会話

A : I don't feel like cooking.
料理する気分じゃないなあ。

B : Why don't we eat out?
じゃあ外に食べに行こうか？

ポイント

「〜したい気分ではない」は〈I don't feel like＋動詞の ing 形〉で表せます。また，何かを勧められたりしたときに I don't feel like it.「そんな気分じゃないんだ」と，相手が言った内容を it で受けて答えることもできます。

★ 今夜のおさらい

① 出かける気分じゃないなあ。
 [I don't feel like] going out.

② 今日は仕事する気が全然しない。
 [I don't feel like] working at all today.

〈I'm not in the mood to＋動詞〉も同じような意味で使えるよ。

③ 今は何も食べる気がしない。
 [I don't feel like] eating anything right now.

④ 最近彼と話す気にならないんだよね。
 [I don't feel like] talking to him these days.

⑤ 今夜は勉強する気にならない。
 [I don't feel like] studying tonight.

💤 **寝る前にもう一度**（答えはp.81を見よう）
A：料理する気分じゃないなあ。
B：じゃあ外に食べに行こうか？

これは使える！ パターン28

★今夜おぼえるパターン

038

絶対に〜しない
I won't ...

会話

A: How was the pub you went to last night?
   昨日の夜に行ったパブどうだった？

B: **I won't** go back there again. It was too loud and smoky.
   もうあそこには行かないよ。うるさ過ぎるし煙かったから。

ポイント

won't は will not の略で未来の否定を表します。will は主語の意志を表す場合に使うので，その否定形は「絶対にしないつもりである」という拒絶の意味になります。

★ 今夜のおさらい

❶ そんなくだらないことしないよ。
I won't do such a silly thing.

❷ 今回は絶対に折れないぞ。
I won't give in this time.

> give in は「降参する、屈する」っていう意味だよ。

❸ 絶対誰にも言わないからね。
I won't tell anyone.

❹ このことは一生忘れないよ。
I won't forget this for the rest of my life.

❺ 私の気持ちは変わらないよ。
I won't change my mind.

> ちなみに「頑固」は stubborn って言うんだ。

💤 寝る前にもう一度 （答えはp.83を見よう）

A: 昨日の夜に行ったパブどうだった？
B: もうあそこには行かないよ。うるさ過ぎるし煙かったから。

これは使える！ パターン28

★ 今夜おぼえるパターン

039

〜できなかった
I couldn't ...

ミニミニ会話

A: **I couldn't** make it to the party yesterday. I was too busy.
昨日パーティーに行けなかったよ。忙し過ぎてさ。

B: Too bad. We all missed you.
残念だったね。みんな寂しがってたよ。

ポイント

couldn't は could not の略で，can't の過去形です。過去に自分ができなかったことや，する能力がなかったことを伝えることができます。

★今夜のおさらい

❶ 起きていられなかったんだ。
I couldn't stay awake.

❷ 昨日の夜は全然寝られなかったよ。
I couldn't sleep at all last night.

❸ がっかりしたの、隠せなかったんだよね。
I couldn't hide my disappointment.

> disappointmentは「失望，落胆」っていう意味。「ポ」にアクセントだよ。

❹ 時間内にレポートを完成できなかった。
I couldn't finish the report in time.

❺ 彼女の名前，思い出せなかったの。
I couldn't remember her name.

💤 寝る前にもう一度（答えはp.85を見よう）

A：昨日パーティーに行けなかったよ。忙し過ぎてさ。
B：残念だったね。みんな寂しがってたよ。

これは使える！ パターン28

★今夜おぼえるパターン

🌙 040

~は／~がある？
Is there any ...?

早耳会話

A: Is there any difference between these two?
この2つって何か違いがあるのかな？

B: I can't see any.
違わないんじゃないかな。

ポイント

「いくらかの~，いくつかの~，何人かの~」という意味を表す場合，ふつう肯定文では some ですが，疑問文では any を使います。複数の場合は Are there any ...? となります。

★ 今夜のおさらい

❶ コーヒーまだ残ってる？
Is there any coffee left?

❷ 前もって知っておくべき情報はあるかな？
Is there any information I should know in advance?

❸ 何かいい話でもあるの？
Is there any good news?

> news は s がついているけど数えられない名詞だから単数扱いだよ。

❹ 彼が試験に受かる見込みはあるのかな？
Is there any chance he can pass the exam?

❺ そんなことする理由ある？
Is there any reason to do that?

💤 **寝る前にもう一度**（答えは p.87 を見よう）

A：この2つって何か違いがあるのかな？
B：違わないんじゃないかな。

これは使える！ パターン28

★ 今夜おぼえるパターン

🌙 041

~持ってる？
Do you have any...?

ミニミニ会話

A: **Do you have any plans for Sunday?**
日曜日に何か予定ある？

B: **I'm going to see the baseball game.**
野球を見に行くよ。

A: **Sounds nice!**
いいね！

ポイント

ふつう肯定文では some，疑問文では any を使うということを思い出しましょう。I have some ideas. Do you have any? のように，すでに話題に出た名詞は省略することもできます。

レベル2

★ 今夜のおさらい

1 他に何か質問はありますか？
[Do you have any] other questions?

2 ペット飼ってる？
[Do you have any] pets?

3 それについていい考えある？
[Do you have any] good ideas about that?

4 小銭持ってる？
[Do you have any] small change?

5 何か彼女に伝えておくことはありますか？
[Do you have any] messages for her?

> Can I take a message?
> 「伝言を承りましょうか？」
> と尋ねてもいいね。

💤 寝る前にもう一度 （答えはp.89を見よう）
A：日曜日に何か予定ある？
B：野球を見に行くよ。
A：いいね！

これは使える！　パターン28

★今夜おぼえるパターン

042

〜が楽しみ
I'm looking forward to ...

会話

A: I'm looking forward to seeing you again.
また会うの楽しみにしてるよ。

B: Me, too. We should meet more often.
私も。もっと頻繁に会おうよ。

ポイント

〈I'm looking forward to＋動詞のing形／名詞〉で「〜を心待ちにしている」という意味です。別れ際のあいさつとして使えます。

★ 今夜のおさらい

❶ 決勝戦が楽しみ。
[I'm looking forward to] the final.

❷ ご連絡お待ちしています。
[I'm looking forward to] hearing from you.

❸ パーティー楽しみだなあ。
[I'm looking forward to] the party.

❹ 一緒に働くのを楽しみにしています。
[I'm looking forward to] working with you.

❺ いい知らせ待ってるよ。
[I'm looking forward to] good news.

> to の後に入れる動詞は ing 形にするのを忘れないでね。

💤 **寝る前にもう一度**(答えはp.91を見よう)
A: また会うの楽しみにしてるよ。
B: 私も。もっと頻繁に会おうよ。

| これは使える！ パターン28 | □ 月 日 |
| | □ 月 日 |

★今夜おぼえるパターン

🌙 043

〜には慣れてる
I'm used to ...

レベル2

早早会話

A : I'm used to living alone.
一人暮らしには慣れてるんだ。

B : Do you cook for yourself?
自炊してるの？

A : Sometimes.
たまにね。

ポイント

〈I'm used to＋動詞のing形／名詞〉は、「〜に慣れている」という意味です。この表現の形に似たものとして〈I used to＋動詞の原形〉がありますが、「（昔は）よく〜したものだ」というまったく異なる意味なので気をつけましょう。

★ 今夜のおさらい

❶ 早起きには慣れてるんだ。
I'm used to getting up early.

❷ 旅行するのは慣れているの。
I'm used to traveling.

❸ 人前で話すのには慣れています。
I'm used to speaking in public.

❹ 寒さには慣れてるよ。
I'm used to the cold weather.

❺ 気難しい人の扱いには慣れてるよ。
I'm used to dealing with difficult people.

> deal with ... は「〜を扱う、対処する」という意味だよ。

💤 寝る前にもう一度 (答えはp.93を見よう)

A: 一人暮らしには慣れてるんだ。
B: 自炊してるの？
A: たまにね。

これは使える！ パターン28

今夜おぼえるパターン

044

～しなくちゃいけないの？
Do I have to ...?

会話

A : Do I have to change trains here?
ここで乗り換えしなくてはならないんですか？

B : That's the quickest way to get there.
そこに行くには，それが一番早いですよ。

ポイント

やらなくてもよさそうなことや，気の進まないことなどについて，やる必要があるのかどうか確認する場合に使います。Whyを文頭に置いて Why do I have to ...? とすると，「何で私がやらなければならないのか」とやりたくない気分が強調されます。

★今夜のおさらい

1 これ今やらないとだめですか?
<u>Do I have to</u> do this now?

2 この書類を取っておかなければいけませんか?
<u>Do I have to</u> keep this paper?

3 この薬, 1日2回飲まなきゃいけないの?
<u>Do I have to</u> take this medicine twice a day?

4 これ3時までにやらなくちゃいけないの?
<u>Do I have to</u> get this done by 3?

5 彼女に電話をかけ直さないといけませんか?
<u>Do I have to</u> call her back?

> call back は「電話をかけ直す」という意味だよ。
> you とか her といった代名詞は間に入れるんだ。

💤 寝る前にもう一度 （答えはp.95を見よう）
A: ここで乗り換えしなくてはならないんですか?
B: そこに行くには, それが一番早いですよ。

これは使える！　パターン28

★ 今夜おぼえるパターン

🌙 045

〜は得意じゃない
I'm not good at ...

会話

A : I'm not good at organizing.
整理整頓は苦手なんだ。

B : I can see that.
見れば分かる。

ポイント

〈I'm not good at ＋動詞のing形／名詞〉は自分の苦手なことを伝える場合に使います。似たような表現に，I'm bad at ....　や I'm poor at .... があります。より苦手で下手なことについては，I'm terrible at .... も使えます。

レベル2

★今夜のおさらい

1 初対面の人に会うのは苦手なんだよなあ。
I'm not good at meeting someone.

2 運転は下手だよ。
I'm not good at driving.

3 名前を覚えるの苦手。
I'm not good at remembering names.

4 楽器を演奏するのは得意じゃないんだ。
I'm not good at playing musical instruments.

> instrumentは道具や機器などを指すんだ。アクセントは「イ」にあるよ。

5 パソコンは得意じゃないです。
I'm not good at computers.

寝る前にもう一度（答えはp.97を見よう）
A：整理整頓は苦手なんだ。
B：見れば分かる。

これは使える！ パターン28

★ 今夜おぼえるパターン

🌙 046

（私は）何を〜すべきかな？
What should I ...?

🗨🗨会話

A : What should I bring to the party?
パーティーに何を持って行ったらいいかな？

B : A bottle of wine may be good.
ワインがいいかもね。

ポイント

何をしてよいのか分からず，相手にアドバイスを求めるときに使います。shouldには「〜すべきだ，した方がいい」という意味があります。

レベル2

★ 今夜のおさらい

❶ 次に何をするべきかな？
What should I do next?

❷ 面接に何を着ていったらいいかな？
What should I wear for the interview?

❸ 何からはじめたらいいんだろう？
What should I do first?

❹ 母の誕生日に何をあげたらいいかなあ？
What should I give my mother for her birthday?

❺ 彼女を励ますのに何て言ったらいいんだろう？
What should I say to cheer her up?

> cheer ... up は、「〜を励ます、元気づける」という意味だよ。

💤 **寝る前にもう一度**（答えはp.99を見よう）

A：パーティーに何を持って行ったらいいかな？
B：ワインがいいかもね。

これは使える！　パターン28

★ 今夜おぼえるパターン

🌙 047

~しなくてもいいよ
You don't have to ...

会話

A : There's still so much to do.
まだやるべきことがたくさんあるんです。

B : You don't have to do everything. We can share the work.
全部はやらなくてもいいよ。みんなで分担するから。

レベル2

ポイント

する必要がないことを相手に伝えるときに使う表現です。相手が何かするのをためらっていたり、必要以上に何かをしていたりする場合に使うと、場の空気が和むかもしれません。

★ 今夜のおさらい

1 そんなにまじめにとらないでいいよ。
You don't have to take it so seriously.

> take ... seriously は「〜を真剣に受けとめる」という意味だよ。

2 同じにしなくてもいいよ。
You don't have to do the same.

3 急がなくてもいいよ。
You don't have to rush.

> ラッシュアワーの rush だ。急いでいるときに使うんだね。

4 そんなに緊張しなくても大丈夫ですよ。
You don't have to be so nervous.

5 そのことは心配しなくても大丈夫だよ。
You don't have to worry about it.

💤 寝る前にもう一度（答えはp.101を見よう）
A：まだやるべきことがたくさんあるんです。
B：全部はやらなくてもいいよ。みんなで分担するから。

これは使える！　パターン28

★ 今夜おぼえるパターン

🌙 048

～はどう？
How do you like ...?

会話

A: How do you like the dish?
料理どう？

B: This is great.
Can I have the recipe?
これとってもおいしいね。
レシピもらえる？

ポイント

相手に意見や感想などを聞きたいときに使います。また、How do you like your eggs? のように、食べ物などが続く場合は、「〜はどのように調理しましょうか？」という意味にもなります。

★ 今夜のおさらい

❶ 新しい先生はどう?
How do you like your new teacher?

❷ この服どう思う?
How do you like this dress?

> gorgeous, beautiful, cool といったほめ言葉をストックしておこう。

❸ ここ気に入った?
How do you like it here?

❹ ここの仕事はどう?
How do you like working here?

❺ 彼のことどう思う?
How do you like him?

> How do you like ...? と尋ねられてすぐに答えが出ないときは、とりあえず Well ..., と言って間をつなげよう。

💤 寝る前にもう一度 (答えはp.103を見よう)
A: 料理どう?
B: これとってもおいしいね。レシピもらえる?

これは使える！　パターン28

★ 今夜おぼえるパターン

049

〜はいらない
No more ...

会話

A : Would you like some more salad?
サラダもう少しどう？

B : No more, thanks.
もういいかな、ありがとう。

レベル2

ポイント

「もうこれ以上〜はいらない」「〜はやめましょう」という意味です。食べ物を勧められて断るときなどは I've had enough. や I'm full. なども使えます。

★ 今夜のおさらい

1 もう冗談はやめてよ。
No more jokes.

2 雨にはもううんざり！
No more rain!

3 これ以上残業ないといいなあ。
No more overtime, I hope.

4 お願いだからもう宿題は出さないで！
No more homework, please!

5 もう泣かないで。
No more crying.

> うんざりしたときに使えるパターンは203ページにも出てくるよ。

> 優しく言うと慰める感じになるね。

💤 寝る前にもう一度 （答えはp.105を見よう）

A: サラダもう少しどう？
B: もういいかな，ありがとう。

これは使える！　パターン28

★ 今夜おぼえるパターン

🌙 050

～は終わった？
Are you done with ...?

💬会話

A : Are you done with that yet?
もう終わった？

B : Almost.
もう少し。

ポイント

be done with ... は、「～を終える、済ます」という意味です。〈with＋人〉の場合は、「～と関係を断つ、別れる」という意味になります。相手が目の前にいて、何をしているかが分かっているときは、Are you done? とだけ言えばよいでしょう。

★ 今夜のおさらい

❶ 彼とは終わっちゃったの?
Are you done with him?

❷ 試験は終わった?
Are you done with your exams?

❸ 朝ごはん食べたの?
Are you done with your breakfast?

> まだ終わっていないときは Not yet. と言えばいいよ。

❹ この章は終わった?
Are you done with this chapter?

❺ 洗濯終わったの?
Are you done with your laundry?

> 自分が何かをやり終えたら I'm done. と答えよう。

💤 寝る前にもう一度 （答えはp.107を見よう）
A: もう終わった?
B: もう少し。

これは使える！　パターン28

★ 今夜おぼえるパターン

051

どうやったら〜できるの？
How can I ...?

会話

A : How can I ask her?
どうやって彼女にお願いしたらいいかな？

B : You should explain the situation first.
まずは状況を説明しなきゃだよね。

ポイント

〈How can I ＋動詞？〉「どうやって（私は）〜できますか」は，何かの方法や手段が分からないときに，それを相手に教えてほしいと依頼する表現です。

★ 今夜のおさらい

1. そこにはどうやって行けばいいですか？
[How can I] get there?

2. これどうやったら直せる？
[How can I] fix this?

3. どうやったらあなたみたいに英語を話せるようになるの？
[How can I] learn to speak English like you?

4. どうしたら元彼とよりを戻せるかな？
[How can I] get back with my ex-boyfriend?

> ex- は「前の」という意味だよ。ex-coworker とか ex-wife とかね。

5. これどうやって開けるの？
[How can I] open this?

💤 寝る前にもう一度 （答えはp.109を見よう）

A: どうやって彼女にお願いしたらいいかな？
B: まずは状況を説明しなきゃだよね。

これは使える！　パターン28

★ 今夜おぼえるパターン

052

どこで〜できるの?
Where can I ...?

会話

A: **Where can I meet you?**
どこで会える？

B: **Let's meet at the station at 6.**
6時に駅で会おう。

レベル2

ポイント

「どこで〜できるか」と聞きたいときに使える表現です。Could you tell me where I can ...?「どこで〜できるか教えてください」にすると，より丁寧な尋ね方になります。

★ 今夜のおさらい

1 チケットはどこで買えますか?
  Where can I get tickets?

2 どこに座ったらいい?
  Where can I sit?

3 この辺で安く食べられるところある?
  Where can I find a cheap meal around here?

4 どこでもっと情報をもらえますか?
  Where can I get more information?

> information「情報」は複数形にしない単語だよ。

5 どこで試供品をもらえますか?
  Where can I get a sample?

💤 寝る前にもう一度 (答えはp.111を見よう)
A: どこで会える?
B: 6時に駅で会おう。

これは使える！ パターン28

★ 今夜おぼえるパターン

053

あなたは〜じゃないの？
Aren't you ...?

会話

A: Aren't you ready yet?
まだ準備できてないの？

B: Yes, I'm ready. I'm coming.
ううん，できてるよ。すぐ行く。

ポイント

Aren't you ...? は否定の疑問文ですが，答え方に注意が必要です。「はい，〜ではありません」は No, I'm not. で，「いいえ，〜です」は Yes, I am. となります。

★ 今夜のおさらい

1. 疲れてないの？
   Aren't you tired?

2. 今日は仕事じゃなかったの？
   Aren't you supposed to work today?

   > be supposed to ... は「〜することになっている」という意味だよ。

3. 怖くないの？
   Aren't you scared?

4. 寂しくないの？
   Aren't you feeling lonely?

5. そんな格好で寒くないの？
   Aren't you cold in that?

   > ここでの that は相手の服装を指しているよ。

💤 寝る前にもう一度 （答えはp.113を見よう）
A: まだ準備できてないの？
B: ううん，できてるよ。すぐ行く。

これは使える！　パターン28

★ 今夜おぼえるパターン

🌙 054

～をもらえますか？
Can I have ...?

会話

A: Can I have today's special?
今日のお勧めをください。

B: OK. With bread or rice?
はい。パンかライスどちらにしますか？

ポイント

レストランなどで何かを頼むときに使う表現です。文末にpleaseをつけ足したり、CanをCouldにするとより丁寧な言い方になります。

レベル2

★ 今夜のおさらい

① お水ください。
   Can I have some water?

② ワインのおかわりをいただけますか？
   Can I have another glass of wine, please?

> 最初の1杯目は a glass of、次からは another glass of になるんだね。

③ コショウをいただけますか？
   Can I have pepper?

④ もう一度メニューをください。
   Can I have the menu again, please?

⑤ もう1ついただけますか？
   Can I have another one?

💤 **寝る前にもう一度**（答えはp.115を見よう）

A: 今日のお勧めをください。
B: はい。パンかライスどちらにしますか？

これは使える！ パターン28

★今夜おぼえるパターン

055

〜はいかがですか？
Would you like to ...?

ミニミニ会話

A: Would you like to have some more coffee?
コーヒーをもう少しいかがですか？

B: I'm OK. Thank you.
もう結構です。ありがとう。

ポイント

Would you like to ...? は「〜をしませんか？」「〜はいかがですか？」という意味で, Do you want to ...? を丁寧にした表現です。親しい人以外には Would you like to ...? を使うようにしましょう。

★今夜のおさらい

❶ 一緒に来ませんか?
Would you like to come with me?

❷ ご一緒しませんか?
Would you like to join us?

❸ ご注文をうかがいましょうか?
Would you like to order?

> まだ決まっていないときは We need a few more minutes. などと言えばいいよ。

❹ 伝言をおうかがいしましょうか?
Would you like to leave a message?

❺ 夕食を食べに行かない?
Would you like to go for dinner?

寝る前にもう一度 (答えはp.117を見よう)
A: コーヒーをもう少しいかがですか?
B: もう結構です。ありがとう。

これは使える！　パターン28

★ 今夜おぼえるパターン

056

〜するの忘れないでね
Don't forget to ...

会話

A: **Don't forget to email me.**
メールするの、忘れないでね。

B: **No, I won't. I'll send you some pictures, too.**
忘れないよ。写真も送るからね。

ポイント

何かするのを忘れないようにと相手に伝えるときに使う表現です。言い方にもよりますが、「忘れるな」と命令するのではなく、「忘れないようにね」という確認の意味で用いられることが多いです。

★ 今夜のおさらい

1 お気に入りのミルク、買うの忘れないでね。
<u>Don't forget to</u> buy my favorite milk.

2 笑顔を忘れずにね。
<u>Don't forget to</u> wear your smile.

3 アットマークつけるの忘れないで。
<u>Don't forget to</u> include the @.

4 歯を磨くの忘れないでね。
<u>Don't forget to</u> brush your teeth.

5 明日7時に起こすの忘れないでね。
<u>Don't forget to</u> wake me up at 7 tomorrow.

> 返事には I'll try. や Of course not. なども使えるね。

💤 寝る前にもう一度 （答えはp.119を見よう）

A: メールするの、忘れないでね。
B: 忘れないよ。写真も送るからね。

これは使える！　パターン28

★ 今夜おぼえるパターン

🌙 057

~したら？
Why don't you ...?

早早会話

A: **Why don't you** go on a diet?
ダイエットしたら？

B: What! You think I've put on weight?
ええっ！　私，太ったと思う？

ポイント

「～してみたらどうですか？」と相手に何かを提案したいときに使う表現です。文字通り「なぜ～しないのですか？」という意味でも使われるので，状況によってどちらなのか判断しましょう。

★今夜のおさらい

❶ 今度の土曜日, うちに遊びに来たら?
[Why don't you] come and see me next Saturday?

❷ タバコ, やめたら?
[Why don't you] give up smoking?

❸ ネットで検索してみたら?
[Why don't you] search the Internet?

❹ 彼女を手伝ってあげたら?
[Why don't you] help her?

❺ たまには彼に電話してあげたら?
[Why don't you] call him sometimes?

> you を we にすると、Let's ...「しよう」という意味になるよ。

💤 寝る前にもう一度 (答えはp.121を見よう)
A: ダイエットしたら?
B: ええっ! 私, 太ったと思う?

気持ちが伝わる！　パターン20

★ 今夜おぼえるパターン

058
〜があまり好きじゃない
I don't really like ...

会話

A: **I don't really like her.**
彼女のこと，あんまり好きじゃないんだよね。

B: **Why? I think she is nice.**
何で？　いい人だと思うけどなあ。

レベル3

ポイント

好きではないものや人などについて話すとき，単に I don't like .... と言うと，少しきつい印象を与えてしまいます。I don't really like ....「あまり好きではない」を使って，やわらかく気持ちを伝えましょう。

★ 今夜のおさらい

1. 人混みはあまり好きじゃないんだよね。
   I don't really like crowds.

> crowd は人混み、群衆。
> cloud は雲。発音に注意してね。

2. ネットで買うのはあまり好きじゃないの。
   I don't really like online shopping.

3. この音楽あんまり好きじゃないなあ。
   I don't really like this music.

4. 読書はあまり好きじゃないんだ。
   I don't really like reading books.

5. コーヒーはあまり好きじゃないよ。
   I don't really like coffee.

💤 寝る前にもう一度（答えは p.123 を見よう）

A：彼女のこと、あんまり好きじゃないんだよね。
B：何で？ いい人だと思うけどなあ。

気持ちが伝わる！　パターン20

★今夜おぼえるパターン

🌙 059

〜してほしいです
I want you to ...

会話

A: I want you to meet my boyfriend.
彼氏に会ってほしいんだけど。

B: Sure! What's he like?
いいよ！　どんな人？

ポイント

「〈あなたに〉〜してほしい」と言うときは，〈I want you to ＋動詞の原形〉を使います。want を would like にすると，より丁寧な表現になります。慣れてきたら，you を him や her にするなど，表現の幅を広げていきましょう。

★ 今夜のおさらい

1. 私と一緒に来てほしいんだけど。
I want you to come with me.

2. 手伝ってもらえないかな。
I want you to give me a hand.

> give ... a hand は「〜に手を貸す，〜を手伝う」って意味なんだ。

3. ちょくちょく手紙ちょうだいね。
I want you to write me often.

4. 私のレポートに目を通してくれないかな。
I want you to look over my report.

> look over は「ざっと目を通す」と言うときに使うよ。

5. 本当のことを話してほしい。
I want you to tell me the truth.

💤 寝る前にもう一度 (答えは p.125 を見よう)

A: 彼氏に会ってほしいんだけど。
B: いいよ！ どんな人？

気持ちが伝わる！　パターン20

★ 今夜おぼえるパターン

🌙 060

〜を探してる
I'm looking for ...

ミニミニ会話

A : I'm looking for my wallet.
お財布探してるの。

B : Oh no! I'll help you find it.
大変！　一緒に探すよ。

レベル3

ポイント

look for ... は「〜を探す」という意味です。これを現在進行形にすると，今まさに探しているという状況を伝えることができます。

★ 今夜のおさらい

① アルバイトを探してるんだ。
I'm looking for a part-time job.

② 何か食べるもの探してるんだけど。
I'm looking for something to eat.

③ 母への贈り物を探してます。
I'm looking for a gift for my mother.

④ このシャツに合うネクタイを探してます。
I'm looking for a tie to go with this shirt.

> go with ... は、「〜と一緒に行く」の他に、洋服や食べ物に「〜と合う」っていう意味もあるんだ。

⑤ 彼に話しかけるチャンスがないか探してる。
I'm looking for a chance to talk to him.

💤 寝る前にもう一度 (答えはp.127を見よう)

A: お財布探してるの。
B: 大変！　一緒に探すよ。

気持ちが伝わる！　パターン20

★今夜おぼえるパターン

061

〜したことある？
Have you ever ...?

会話

A: Have you ever dreamed of me?
私の夢，見たことある？

B: No, I haven't. My cat sometimes appears in my dreams though.
ないなあ。飼ってる猫ならたまに夢に出てくるけどね。

ポイント

「〜したことがありますか？」と，相手にこれまでの経験について聞くときに使う表現です。現在完了形の〈have＋過去分詞〉を用います。ever は「かつて，これまでに」という意味の副詞で，経験を表す現在完了形の文でよく使われます。

レベル3

★今夜のおさらい

1 フィンランドに行ったことある?
   Have you ever been to Finland?

2 富士山に登ったことある?
   Have you ever climbed Mt. Fuji?

3 UFOを見たことある?
   Have you ever seen a UFO?

4 遠距離恋愛したことある?
   Have you ever been in a long distance relationship?

5 ノロウイルスにかかったことある?
   Have you ever had the Norovirus?

> 発音注意。ウイルスは「ヴァイラス」って発音するんだ。

💤 寝る前にもう一度 （答えはp.129を見よう）
A：私の夢，見たことある?
B：ないなあ。飼ってる猫ならたまに夢に出てくるけどね。

気持ちが伝わる！　パターン20

★ 今夜おぼえるパターン

🌙 062

~しても大丈夫？
Is it OK if I ...?

ミニミニ会話

A: **Is it OK if I open the window?**
窓を開けてもいい？

B: **Sure. We need some fresh air.**
いいよ。ちょっと新鮮な空気が必要だね。

レベル3

ポイント

相手に許可を求める丁寧な表現です。OK（またはokay）は、「とてもよい」という意味に思いがちですが、「悪くはない」というニュアンスを含んでいる言葉です。

★今夜のおさらい

1 同席してもいい?
   [Is it OK if I] sit with you?

2 今夜電話しても大丈夫?
   [Is it OK if I] call you tonight?

3 こんな服装でも大丈夫ですか?
   [Is it OK if I] am dressed like this?

4 ちょっとの間うるさくしても大丈夫?
   [Is it OK if I] make some noise for a while?

5 ここで食べてもいい?
   [Is it OK if I] eat here?

> Could I ...?, Is it all right if I ...? もこのパターンと同じような意味で使えるよ。

💤 寝る前にもう一度 (答えはp.131を見よう)

A:窓を開けてもいい?
B:いいよ。ちょっと新鮮な空気が必要だね。

気持ちが伝わる！ パターン20

★ 今夜おぼえるパターン

🌙 063

〜と思うんだけど
..., I guess.

会話

A : **He must be a celebrity, I guess.**
あの人有名人だよね，確か。

B : **Oh, I think you're right. What's his name? I can't remember.**
あっ，そうだと思う。
名前何だっけ？ 思い
出せない。

ポイント

話しながら，何だか確信がなくなってきたと思えるようなときは文の最後に，I guess をつけましょう。また，断定的に言ってしまったことを和らげたいときにも使えます。

レベル3

★ 今夜のおさらい

❶ 疲れてるみたいだね。
You are tired, I guess.

❷ 5分かかると思う。
It takes five minutes, I guess.

❸ 彼女は確か20歳だったと思う。
She is 20 years old, I guess.

❹ 1万円かかると思う。
It costs 10,000 yen, I guess.

❺ たぶんパーティーに来ると思うよ。
They will come to the party, I guess.

> ..., I think. や ..., I suppose. も同じように使えるよ。

💤 寝る前にもう一度 (答えはp.133を見よう)
A: あの人有名人だよね、確か。
B: あっ、そうだと思う。名前何だっけ？ 思い出せない。

気持ちが伝わる！　パターン20

★ 今夜おぼえるパターン

🌙 064

～しようと思ってる
I'm thinking of ...

会話

A : **I'm thinking of** going to Europe this summer.
この夏ヨーロッパに行こうと思ってるんだ。

B : Sounds great. Which country are you going to visit?
いいね。どの国に行くの？

レベル3

ポイント

think of ... で「～のことを考える，思いをはせる」という意味です。〈I'm thinking of ＋動詞の ing 形〉で，今考えていることを説明することができます。新しい話題を切り出すときにも使える便利な表現です。

★ 今夜のおさらい

❶ ディナーの予約，ここにしようと思ってる。
[I'm thinking of] booking a table here for dinner.

> book は「予約する」という意味で動詞としても使うんだね。

❷ 来月1週間休みを取ろうと思ってるんだ。
[I'm thinking of] taking a week off next month.

❸ 京都にいる友達のところに行こうと思ってる。
[I'm thinking of] visiting my friends in Kyoto.

❹ 近々引っ越そうかと思ってるんだ。
[I'm thinking of] moving sometime soon.

❺ 新しいパソコンを買おうと思ってるんだ。
[I'm thinking of] buying a new PC.

💤 **寝る前にもう一度** (答えはp.135を見よう)
A: この夏ヨーロッパに行こうと思ってるんだ。
B: いいね。どの国に行くの？

気持ちが伝わる！ パターン20

★ 今夜おぼえるパターン

065

〜するのは簡単
It's easy to ...

ミニミニ会話

A: It's easy to get sleepy in meetings.
会議ですぐ眠くなっちゃうんだよね。

B: Be careful not to yawn.
あくびしないように気をつけてね。

レベル3

ポイント

〈It's easy to + 動詞の原形〉は，簡単にできるということを伝える表現です。することが難しいことを伝えたいときはeasyをhardやdifficultに置き替えます。

★ 今夜のおさらい

❶ あきらめるのは簡単だよね。
[It's easy to] give up.

❷ このコンピューター、使いやすいよ。
[It's easy to] use this computer.

❸ このゲーム簡単だよ。
[It's easy to] play this game.

❹ 言うのは簡単。
[It's easy to] say.

> だけど、hard to do「行うは難し」だね。

❺ 彼のことすぐ気に入るよ。
[It's easy to] like him.

> It's easy to speak English.
> って言えるくらいになりたいなあ。

💤 寝る前にもう一度 (答えはp.137を見よう)

A: 会議ですぐ眠くなっちゃうんだよね。
B: あくびしないように気をつけてね。

気持ちが伝わる！ パターン20

★ 今夜おぼえるパターン

066
～についてどう思う？
How do you feel about ...?

早早会話

A : How do you feel about the plan?
その計画についてどう思いますか？

B : I think we should elaborate a bit more.
もう少し練らないといけませんよね。

レベル3

ポイント

何かについて感想や意見を聞きたいときに使う表現です。後に具体的な内容が続かない How do you feel? は，「気分はどうですか？」という意味です。

★ 今夜のおさらい

❶ 父親の育休についてどう思う?

How do you feel about paternity leave?

> 母親は maternity leave, 父親は paternity leave なんだね。

❷ 彼の新しいヘアスタイル, どう思う?

How do you feel about his new hairstyle?

❸ 日本のハロウィーンパーティーについてどう思いますか?

How do you feel about Halloween parties in Japan?

❹ 私のこと, どう思う?

How do you feel about me?

❺ この決定についてどう思いますか?

How do you feel about this decision?

💤 寝る前にもう一度 (答えは p.139 を見よう)

A: その計画についてどう思いますか?
B: もう少し練らないといけませんよね。

気持ちが伝わる！ パターン20

★今夜おぼえるパターン

🌙 067

たぶん〜した方がいいな
Maybe I should ...

早早会話

A: We will leave home at six tomorrow morning.
明日の朝は6時に出発だよ。

B: **Maybe I should** go to bed early tonight.
今夜は早く寝た方がいいな。

ポイント

確信はないけれど，たぶんそうした方がいいと思うときに使います。自分以外の人に使うこともでき，Maybe you should check it out. は「調べてみた方がいいかもね」という控えめな提案の表現になります。

レベル3

★ 今夜のおさらい

① 何か別のを試した方がいいみたい。
Maybe I should try something else.

② たぶんそれにもっとよく目を通すべきですよね。
Maybe I should take a better look at that.

> take a look at ... で「〜を見る」って意味になるよ。

③ 明日仕事を休んだ方がよさそう。
Maybe I should take tomorrow off from work.

④ たぶん計画を変えた方がいいな。
Maybe I should change my plan.

⑤ 黙ってた方がいいな。
Maybe I should be quiet.

💤 **寝る前にもう一度**（答えはp.141を見よう）
A: 明日の朝は6時に出発だよ。
B: 今夜は早く寝た方がいいな。

気持ちが伝わる！　パターン20

★今夜おぼえるパターン

068

~したことがない
I've never ...

会話

A: **I've never** read that. You like it?
それ読んだことない。どう？

B: This is really interesting and also moving. I can't stop.
すごくおもしろいし、感動的。途中でやめられないよ。

レベル3

ポイント

経験の有無は、現在完了形を使って表現します。I've は I have の略です。have not ではなく have never を使うことで「一度もしたことがない」という意味が強調されます。

★ 今夜のおさらい

1 そこ行ったことない。
I've never been there.

> gone ではなく been を使うことに注意してね。

2 これはやったことありません。
I've never done this.

3 この映画は見たことないよ。
I've never seen this movie.

4 彼の家族には会ったことがないです。
I've never met his family.

5 この種類の猫は見たことないなあ。
I've never seen this kind of cat.

> Are you talking about me?

💤 寝る前にもう一度 (答えはp.143を見よう)

A: それ読んだことない。どう？
B: すごくおもしろいし，感動的。途中でやめられないよ。

気持ちが伝わる！　パターン20

★ 今夜おぼえるパターン

069

〜する価値がある
It's worth ...

会話

A: What about plan B?
プランBではどうでしょうか？

B: It's worth a try.
試してみる価値はあるね。

レベル3

ポイント

〈It's worth＋名詞／動詞のing形〉は,「〜する価値がある」「〜するかいがある」という意味です。人に何かを勧めたいときに使える便利な表現です。

★ 今夜のおさらい

① 訪れる価値はあるよ。
It's worth a visit.

② 繰り返す価値はあるね。
It's worth repeating.

> 繰り返し言って練習しよう。

③ 買う価値はあると思う。
It's worth buying.

④ もう一度話し合う価値はあるんじゃないかな。
It's worth discussing again.

⑤ 調べてみる価値はあるね。
It's worth checking.

> 価値がない場合は It's not worth ….にすればいいよ。

💤 寝る前にもう一度 （答えはp.145を見よう）
A：プランBではどうでしょうか？
B：試してみる価値はあるね。

気持ちが伝わる！ パターン20

★ 今夜おぼえるパターン

070

~過ぎて…できない
It's too ~ to …

会話

A: It's too hot to walk outside.
外を出歩くには暑過ぎるよ。

B: You are right. It's rather dangerous.
うん。危険ですらあるよね。

レベル3

ポイント

It's too ~ to …. の「~」には形容詞，「…」には動詞が入ります。「…するには~過ぎる」「~過ぎて…できない」と，否定的な意味合いの表現になります。

★今夜のおさらい

❶ ごめんねを言うにはもう遅過ぎでしょ。
It's too late to say sorry.

> Never too late to study English!
> 「英語を勉強するのに遅すぎるってことはないよ。」

❷ 堅過ぎて噛めない。
It's too hard to chew.

❸ 早過ぎて起きられない。
It's too early to wake up.

❹ 高過ぎて買えないな。
It's too expensive to buy.

> 高くて買えないときの定番表現 I can't afford it. も覚えておこう。

❺ 長過ぎてクローゼットに入らないや。
It's too long to fit in my closet.

💤 **寝る前にもう一度**（答えはp.147を見よう）

A: 外を出歩くには暑過ぎるよ。
B: うん。危険ですらあるよね。

気持ちが伝わる！ パターン20

★ 今夜おぼえるパターン

071

〜というわけじゃない
It's not that ...

会話

A: It's not that money is everything.
お金がすべてってわけじゃないよ。

B: What's most important for you?
何が一番
大切なの？

ポイント

はっきりとは否定はせず，曖昧にしたいときや部分的に否定したいときなどは It's not that .... を使います。言いたいことの前につけるだけのとても簡単で便利な表現です。

レベル3

★ 今夜のおさらい

1 彼と話したくなかったわけじゃないんだけどね。
   [It's not that] I didn't want to talk to him.

2 犬が怖いってわけじゃないんだけど。
   [It's not that] I'm scared of dogs.

3 泳ぐのが大嫌いってわけじゃないけどさ。
   [It's not that] I hate swimming.

4 女の子ならみんなチョコが好きってわけじゃないよ。
   [It's not that] every girl likes chocolate.

> every の後ろには単数名詞を入れるんだね。

5 安ければいいってわけじゃないよね。
   [It's not that] cheaper is better.

💤 寝る前にもう一度（答えはp.149を見よう）
A: お金がすべてってわけじゃないよ。
B: 何が一番大切なの？

気持ちが伝わる！ パターン20

★ 今夜おぼえるパターン

🌙 072

〜に違いない
It must be ...

会話

A : It must be yours.
それきみのだよね。

B : No, this is not mine. Mine is a different color.
ううん、私のじゃない。色が違うし。

ポイント

断定はできないけれども、「〜に違いない」と確信度の高い推量を表すときには must を使います。後ろに名詞や形容詞を続けるだけで強い推測が表現できます。

レベル3

★ 今夜のおさらい

❶ 彼の携帯に間違いないな。
It must be his mobile phone.

> cellphone も「携帯電話」のことだよ。

❷ そうに決まってるよ。
It must be so.

❸ 何かの間違いでしょ。
It must be a mistake or something.

❹ 楽しいに決まってる。
It must be fun.

> or something「〜か何か」は、断定を避けて言いたいときに使えるよ。

❺ 難しいはずだよねぇ。
It must be difficult.

💤 寝る前にもう一度 (答えはp.151を見よう)

A: それきみのだよね。
B: ううん、私のじゃない。色が違うし。

気持ちが伝わる！　パターン20

★ 今夜おぼえるパターン

073

〜が見つかった
I found ...

会話

A: **I found** a better job.
もっといい仕事が見つかったの。

B: Congratulations! When do you start?
おめでとう！　いつはじめるの？

ポイント

found は find の過去形で、find には「見つける、発見する、気づく」などの意味があります。発音は［ファウンド］です。

★ 今夜のおさらい

❶ スマホ見つかった！
[I found] my smartphone!

❷ すごく笑えるもの見つけたよ。
[I found] something really funny.

❸ すごくいいアプリ見つけた。
[I found] a great app.

> アプリは application を略して app [アップ] って言うんだ。複数形は apps だよ。

❹ 出口見つけたよ。
[I found] the way out.

❺ おもしろい動画を見つけたよ。
[I found] an interesting video.

💤 寝る前にもう一度 （答えは p.153 を見よう）

A: もっといい仕事が見つかったの。
B: おめでとう！　いつはじめるの？

気持ちが伝わる！ パターン20

★ 今夜おぼえるパターン

🌙 074

そろそろ〜する時間だよ
It's about time to ...

💬 会話

A: It's about time to wake up!
そろそろ起きる時間よ！

B: Five more minutes!
あと5分！

ポイント

「もう〜する時間だ」と言いたいときや，人に「もう〜した方がいいんじゃない？」と行動を促したいときに便利な表現です。また，待ち構えていたことが起こったときに，It's about time!「やっとかあ！」という意味で使うこともできます。

★ 今夜のおさらい

❶ そろそろ寝る時間だよ。
It's about time to go to bed.

❷ そろそろまじめにやろうよ。
It's about time to get serious.

❸ 今日の仕事はそろそろ終わりにしよう。
It's about time to call it a day.

> call it a day は「仕事などを切り上げる」という意味。ひとまとまりで覚えてね。

❹ そろそろ仕事に戻ろう。
It's about time to go back to work.

❺ そろそろ帰る時間だね。
It's about time to go home.

寝る前にもう一度（答えはp.155を見よう）

A: そろそろ起きる時間よ！
B: あと5分！

気持ちが伝わる！ パターン20

★ 今夜おぼえるパターン

075

ちょっと〜
〜a little bit ...

会話

A: **I will be a little bit late.**
ちょっと遅れちゃう。

B: **Okay. I'll save your seat.**
分かった。
席を取っ
ておくね。

レベル3

ポイント

a little bitは「ほんの少し」という意味で、日常会話でとてもよく使われる表現です。a bitやa littleも同様の意味で使われます。

★ 今夜のおさらい

❶ ちょっと疲れた。
I'm a little bit tired.

❷ 何かちょっと変だよ。
It's a little bit strange.

❸ あなたちょっと失礼ですよ。
You're a little bit rude.

❹ ここ少し寒いね。
It's a little bit cold in here.

❺ ちょっと遠過ぎるな。
It's a little bit too far.

> a little bit はひとまとまりで発音できるように練習しておこう。

💤 寝る前にもう一度（答えはp.157を見よう）
A: ちょっと遅れちゃう。
B: 分かった。席を取っておくね。

気持ちが伝わる！ パターン20

★ 今夜おぼえるパターン

🌙 076

〜する方がいい
I'd rather ...

会話

A: I'm getting a little bored. Do you want to stay more?
退屈になってきちゃった。まだいたい？

B: I'd rather go home.
もう家に帰りたいかな。

ポイント

I'd は I would の略です。〈I'd rather ＋ 動詞〉で「むしろ〜したい」という意味になります。何かと比べて「…するより〜した方がましだ」というニュアンスです。

レベル3

★ 今夜のおさらい

1 ここにいる方がいいや。
I'd rather stay here.

2 どっちかというと今夜は外食したいな。
I'd rather eat out tonight.

3 一人で行く方がいいや。
I'd rather go alone.

4 やめておきます。
I'd rather not.

やんわり断りたいときに便利だよ。

5 言わないでおきます。
I'd rather not say.

否定の場合は rather の後に not がくるんだね。

💤 寝る前にもう一度 (答えは p.159 を見よう)

A：退屈になってきちゃった。まだいたい？
B：もう家に帰りたいかな。

気持ちが伝わる！ パターン20

★今夜おぼえるパターン

🌙 077

何か
～ kind of ...

ミニミニ会話

A: I kind of like him.
彼のこと何か好きかも。

B: I knew that. You should ask him out.
分かってた。デートに誘っちゃいなよ。

ポイント

「ちょっと」「何だか」「だいたい」といった微妙なニュアンスを表す言葉です。Is he your boyfriend? という質問に対して、Ah..., kind of. と言えば「ん～、まぁそんなところかな」と、若干はぐらかしたような答えになります。

★ 今夜のおさらい

1 彼ってちょっと変わった人だよ。
He is [kind of] unique.

> unique は「独特」という意味だよ。良くも悪くもね。

2 なかなか言いにくいんだけど…。
It's [kind of] hard to say, but….

3 何かチョコみたいな味がする。
It [kind of] tastes like chocolate.

> tastes like を smells like にすれば、「チョコみたいな匂いがする」になるよ。

4 ちょっと具合悪いかも。
I feel [kind of] sick.

5 何かつまんない。
I'm [kind of] bored.

💤 寝る前にもう一度 (答えは p.161 を見よう)

A: 彼のこと何か好きかも。
B: 分かってた。デートに誘っちゃいなよ。

会話が深まる！ パターン23

★ 今夜おぼえるパターン

🌙 078

残念だけど〜
I'm afraid (that) ...

会話

A: I'm afraid I'm not free that day.

残念だけど，その日は空いてないんだ。

B: Okay, some other time!

分かった。じゃあ
またいつかね！

レベル4

ポイント

望ましくない内容を伝えるとき，I'm afraid (that) .... と前置きすることで，印象がやわらかくなります。この場合の afraid は「〜を恐れる」という意味ではなく，「(that 以下の内容を) 残念に思う，申し訳なく思う」という意味です。

★今夜のおさらい

❶ 残念だけどもう行かなきゃ。
I'm afraid I have to go now.

❷ 間に合いそうにありません。
I'm afraid I can't make it on time.

> make it は「間に合う」の他にも「成功する」「都合をつける」など、いろいろな意味があるよ。

❸ お役に立てそうにありません。
I'm afraid I can't help you.

❹ 悪いけど、すごく忙しいんだ。
I'm afraid I'm too busy.

❺ 悪いけど、それ得意じゃないんだよね。
I'm afraid I'm not good at that.

💤 寝る前にもう一度（答えはp.163を見よう）
A: 残念だけど、その日は空いてないんだ。
B: 分かった。じゃあまたいつかね！

会話が深まる！　パターン23

★今夜おぼえるパターン

079

疲れ過ぎて〜できない
I'm too tired to ...

会話

A: **I'm too tired to concentrate.**
疲れ過ぎて集中できないな。

B: **Why don't you take a quick nap?**
ひと眠りしたら？

ポイント

I'm too tired to ....は「〜するには疲れ過ぎている」、つまり「あまりに疲れて〜できない」という意味です。too busy to go out「忙し過ぎて出かけられない」、too excited to sleep「興奮のあまり眠れない」など、〈too＋形容詞＋to＋動詞〉はさまざまに応用できます。

レベル4

★ 今夜のおさらい

1 疲れ過ぎてもう勉強できないよ。
`I'm too tired to` study any longer.

2 疲れ過ぎて何もできないな。
`I'm too tired to` do anything.

3 すごく疲れてるから今はそれについて考えられないよ。
`I'm too tired to` think about that right now.

> right now は「今は」っていう意味だよ。

4 疲れ過ぎてこれ以上先に行けないよ。
`I'm too tired to` go any further.

5 疲れ過ぎてもうこれ以上働けないな。
`I'm too tired to` work more.

💤 寝る前にもう一度 (答えはp.165を見よう)

A：疲れ過ぎて集中できないな。
B：ひと眠りしたら？

会話が深まる！　パターン23

★ 今夜おぼえるパターン

080

〜しはじめた
I started to ...

会話

A : You eat so little.
ほんのちょっとしか食べてないね。

B : I started to gain weight again. So, I'm being careful.
また太ってきちゃってさ。
だから気をつけてるんだ。

ポイント

I started to ....は，近況などに関する話題を切り出すときに便利な表現です。自分の意志で何かをはじめた場合だけでなく，ふとした心の動きがあったことを表す場合にも使えます。

レベル4

★ 今夜のおさらい

🐾① ジムに通いはじめたよ。
 I started to go to the gym.

🐾② 英語を習いはじめたんだ。
 I started to learn English.

> 「やめた」ときは、stopped にすればいいね。

🐾③ 秘書として働きはじめました。
 I started to work as a secretary.

🐾④ 貯金しはじめたんだ。
 I started to save money.

> 「お金を貯める」は save up もよく使われるよ。

🐾⑤ 大丈夫な気がしてきた。
 I started to feel okay.

💤 寝る前にもう一度（答えはp.167を見よう）

A：ほんのちょっとしか食べてないね。
B：また太ってきちゃってさ。だから気をつけてるんだ。

会話が深まる！ パターン23

★ 今夜おぼえるパターン

🌙 081

～することに決めた
I decided to ...

ミニミニ会話

A : You don't look very happy. What's wrong?
あんまり元気ないね。どうしたの？

B : I decided to break up with my boyfriend.
彼氏と別れることにしたんだ。

ポイント

decide to ... は，よく考えた末に何かをすることに決めたときに使う表現です。反対に「～しないことに決めた」は，decide not to ... です。I decided not to go to the meeting. なら，「会合には行かないと決めた」という意味です。

レベル4

★ 今夜のおさらい

❶ 東京に引っ越すことにしたよ。
 [I decided to] move to Tokyo.

❷ 転職することにしました。
 [I decided to] change jobs.

> change jobs は「転職する」、change trains は「電車を乗り換える」だよ。

❸ 先生になることに決めた。
 [I decided to] be a teacher.

❹ 最初からやり直すことにしたんだ。
 [I decided to] do it all over again.

❺ 留学することにしたよ。
 [I decided to] study abroad.

💤 **寝る前にもう一度** （答えは p.169 を見よう）
A: あんまり元気ないね。どうしたの？
B: 彼氏と別れることにしたんだ。

会話が深まる！　パターン23

★ 今夜おぼえるパターン

🌙 082

〜をなくした
I've lost ...

会話

A : **I've lost** my watch!
時計なくしちゃった！

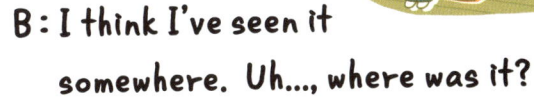

B : I think I've seen it somewhere. Uh..., where was it?
どこかで見たと思う。えーっと，どこだっけなあ？

ポイント

I've lost の I've は I have の略です。現在完了形にすることで，過去のある時点で何かをなくした状態が今も続いていることを表せます。I've lost my patience. は「忍耐力をなくした状態が続いている」，つまり「我慢できない」という意味です。

レベル4

★ 今夜のおさらい

1 また傘をなくしちゃった。
[I've lost] my umbrella again.

2 自信なくしちゃったよ。
[I've lost] all confidence.

3 もうこの騒音には我慢できない。
[I've lost] my patience with this noise.

4 これやるの興味なくなっちゃった。
[I've lost] interest in doing this.

> interest in ... は「〜への興味」。be interested in ... は「〜に興味がある」。in と一緒に使うんだね。

5 最近, かなり痩せたよ。
[I've lost] so much weight lately.

💤 **寝る前にもう一度**（答えはp.171を見よう）
A: 時計なくしちゃった！
B: どこかで見たと思う。えーっと, どこだっけなあ？

会話が深まる！ パターン23

★今夜おぼえるパターン

083

～次第だ
It depends on ...

会話

A: It depends on your effort.
きみの努力次第だよ。

B: Right. I have to work harder.
そうですね。もっと頑張らないと。

ポイント

It depends on ....は「～次第である，～による」という意味です。何かが状況次第であることを言いたいときや，はっきりしたことが分からないときに使います。

レベル4

★今夜のおさらい

① それはきみの見方次第だよね。
[It depends on] how you look at it.

② 予算によります。
[It depends on] the budget.

③ 状況次第ですね。
[It depends on] the situation.

④ 上司がどう思うかによります。
[It depends on] what my boss thinks.

⑤ 天気によるね。
[It depends on] the weather.

> It depends. とだけ言った場合は、「時と場合による」という意味で、返事を曖昧にしておきたいときなどに便利だよ。

💤 寝る前にもう一度 (答えはp.173を見よう)

A: きみの努力次第だよ。
B: そうですね。もっと頑張らないと。

会話が深まる！　パターン23

★ 今夜おぼえるパターン

🌙 084

つい〜しちゃう
I just can't help ...

会話

A : I just can't help giggling.
つい笑っちゃうよ。

B : What's so funny?
何がそんなに
おかしいの？

ポイント

〈I can't help＋動詞のing形〉は「つい〜してしまう」という意味です。理性や意志の力では抑えきれずにそうなってしまう場合に使います。justを入れることで強調した表現になっています。

レベル4

★ 今夜のおさらい

1. ぶつぶつ言わずにはいられないよ。
I just can't help grumbling.

2. 昨日彼が言ったことが気になってしょうがないんだ。
I just can't help thinking about what he said yesterday.

3. 彼女のことが心配でしょうがないよ。
I just can't help worrying about her.

4. ついそれをしちゃうんだよね。
I just can't help doing that.

5. つい親に口答えしちゃう。
I just can't help talking back to my parents.

> ただ「しかたがない」と言うときは I can't help it. って言うんだ。

💤 寝る前にもう一度 （答えは p.175 を見よう）

A: つい笑っちゃうよ。
B: 何がそんなにおかしいの？

会話が深まる！　パターン23

★今夜おぼえるパターン

🌙 085

前はよく〜した
I used to ...

会話

A: I used to play here when I was a child.
子どものころ，よくここで遊んだなあ。

B: Good times.
懐かしいね。

ポイント

〈I used to＋動詞の原形〉は，「過去に〜していた（〜の状態だった）が，現在はもうしていない（その状態ではない）」という意味で，過去の経験や習慣について伝えるときに使います。

レベル4

★ 今夜のおさらい

❶ 前はメガネをかけてたよ。
[I used to] wear glasses.

> メガネをかけるは wear を使うんだね。コンタクトも wear contacts でいいよ。

❷ 高校生のころ、この辺りでよく買い物してた。
[I used to] shop around here when I was in high school.

❸ 前は早起きしてたんだけどね。
[I used to] get up early.

❹ 前はよく残業してたよ。
[I used to] work overtime.

❺ 彼のこと大好きだったけど、今はもう違うなあ。
[I used to] love him, but now I don't.

😴 寝る前にもう一度（答えは p.177 を見よう）

A：子どものころ、よくここで遊んだなあ。
B：懐かしいね。

会話が深まる！ パターン23

★ 今夜おぼえるパターン

086

〜すればよかった
I should have ...

会話

A: You just missed me yesterday.
昨日すれ違いになっちゃったね。

B: **I should have** stayed a little longer.
もう少しいればよかったな。

ポイント

過去を振り返って「あれをしておけばよかったのになあ」と思うことがあります。そんなときは〈I should have ＋ 過去分詞〉を使って表現してみましょう。should have は should've［シュドゥヴ］と略されることが多いです。

レベル4

★ 今夜のおさらい

❶ 前もって聞いておけばよかったよ。
[I should have] asked in advance.

❷ もっと写真撮っておけばよかったなあ。
[I should have] taken more pictures.

❸ うかつだったな。
[I should have] known better.

> 「うかつだった」→「もっとよく知っておくべきだった」ってこと。

❹ もっと気をつけてればよかったよ。
[I should have] been more careful.

❺ 彼に来るように言っておけばよかったな。
[I should have] told him to come.

💤 **寝る前にもう一度** （答えはp.179を見よう）

A：昨日すれ違いになっちゃったね。
B：もう少しいればよかったな。

会話が深まる！ パターン23

★ 今夜おぼえるパターン

🌙 087

〜しなければよかった
I shouldn't have ...

会話

A: **I shouldn't have** said that to him.
彼にあんなこと言わなければよかった。

B: I don't think he cares so much.
そんなに気にしてないと思うよ。

レベル4

ポイント

shouldn't は should not の略です。〈I shouldn't have ＋ 過去分詞〉は「〜するべきではなかった（のにしてしまった）」「〜しなきゃよかった」と後悔を表します。

★ 今夜のおさらい

1 あんなことしなきゃよかったよ。
[I shouldn't have] done it.

2 あんなに夜更かししなければよかったな。
[I shouldn't have] stayed up so late.

3 こんなの買わなきゃよかった。
[I shouldn't have] bought this.

4 この話題やめておけばよかったな。
[I shouldn't have] brought this up.

> bring up は「(話題など) を持ち出す」の他にも「育てる」などの意味があるよ。

5 食べ過ぎなきゃよかった。
[I shouldn't have] eaten so much.

💤 寝る前にもう一度 (答えはp.181を見よう)
A: 彼にあんなこと言わなければよかった。
B: そんなに気にしてないと思うよ。

会話が深まる！ パターン23

★ 今夜おぼえるパターン

088
ただ〜したかっただけ
I just wanted to ...

会話

A : Hi, what's up?
あれ，どうしたの？

B : I just wanted to say hi.
ちょっと寄ってみただけだよ。

ポイント

「ちょっと〜したかっただけです」と伝えるときに使います。何か自分がしたいことについて，「特に理由はないけれど」という意味を含ませたいときに便利な表現です。

レベル4

★ 今夜のおさらい

1. ちょっときみの声を聞きたかっただけなんだ。
　I just wanted to hear your voice.

2. ちょっと知っておきたかっただけです。
　I just wanted to know.

3. 確認しておきたかっただけだよ。
　I just wanted to make sure.

> make sure で「確認する、確かめる」という意味だよ。

4. お伝えしておきたかっただけです。
　I just wanted to let you know.

5. 誰かと話したかっただけなんだ。
　I just wanted to talk to someone.

💤 **寝る前にもう一度**（答えはp.183を見よう）

A: あれ，どうしたの？
B: ちょっと寄ってみただけだよ。

会話が深まる！　パターン23

★ 今夜おぼえるパターン

089

〜するつもりはなかった
I didn't mean to ...

会話

A : I didn't mean to offend you.
気を悪くさせるつもりはなかったんだ。

B : No worries. I'm not offended.
気にしないで。怒ってないから。

ポイント

〈I didn't mean to＋動詞〉は「〜するつもりじゃなかった」という意味です。自分は意図的にしたわけではないのに，相手が誤解してしまった場合などに使える表現です。

レベル4

★ 今夜のおさらい

❶ 驚かせるつもりはなかったんだけど。
I didn't mean to surprise you.

> 相手をギョッとびっくりさせちゃったときはsurpriseの代わりにscareを使うとピッタリだよ。

❷ きみの時間を無駄にするつもりはなかったんだけど。
I didn't mean to waste your time.

❸ イライラさせるつもりはなかったの。
I didn't mean to annoy you.

❹ 失礼な態度を取るつもりはありませんでした。
I didn't mean to be rude.

❺ 傷つけるつもりはなかったの。
I didn't mean to hurt you.

💤 **寝る前にもう一度**（答えはp.185を見よう）
A: 気を悪くさせるつもりはなかったんだ。
B: 気にしないで。怒ってないから。

会話が深まる！　パターン23

★ 今夜おぼえるパターン

090

〜の仕方が分からない
I don't know how to ...

会話

A: I don't know how to use this.
これの使い方が分からないんだ。

B: Read the instructions.
説明書を読めば。

レベル4

ポイント

どうやったらいいか，方法や手段が分からないときに使う表現です。教えてもらいたいときに使う Could you tell me how to ...?「〜の仕方を教えていただけませんか？」もセットで覚えておきましょう。

★今夜のおさらい

❶ どうやってそこに行ったらいいか分かんない。
I don't know how to get there.

❷ このことをどうやって彼に言ったらいいんだか。
I don't know how to tell him about this.

❸ どう言葉にしたらいいのかなあ。
I don't know how to put it into words.

> put ... into words で「～を言葉で表す」という意味だよ。

❹ どうやって説明したらいいんだろう。
I don't know how to describe this.

❺ これをどう対処していいのか分かりません。
I don't know how to handle this.

💤 **寝る前にもう一度**（答えはp.187を見よう）

A：これの使い方が分からないんだ。
B：説明書を読めば。

会話が深まる！ パターン23

★ 今夜おぼえるパターン

091

どのくらい〜?
How long has it been ...?

会話

A : **How long has it been** in the fridge?
それ，どのくらい冷蔵庫の中に入ってたの？

B : Um ..., I don't want to talk about it. Anyway, I should throw this away.
んー，言いたくないな。まあ，捨てなきゃだね。

ポイント

どのくらいの時間続いているか，期間を尋ねたいときに使う表現です。今もまだそれが続いている場合に使います。

レベル4

★ 今夜のおさらい

1 どのくらいの間雨が降ってるの?
　[How long has it been] raining?

2 別れてからどのくらいなの?
　[How long has it been] since you broke up?

> been と since の間でひと息入れると言いやすくなるよ。

3 ダイエットをやめてどのくらい?
　[How long has it been] since you gave up dieting?

4 日本に来てどのくらいたちますか?
　[How long has it been] since you came to Japan?

5 最後のデートからどのくらいだっけ?
　[How long has it been] since our last date?

💤 **寝る前にもう一度**（答えは p.189 を見よう）
A: それ, どのくらい冷蔵庫の中に入ってたの?
B: んー, 言いたくないな。まあ, 捨てなきゃだね。

会話が深まる！ パターン23

★ 今夜おぼえるパターン

092

〜するのに苦労してる
I have trouble ...

会話

A: **I have trouble** waking up in the morning.
朝起きるのつらいんだ。

B: I know. And it's winter.
分かる。冬だしね。

ポイント

〈I have trouble ＋動詞の ing 形〉は、「〜するのに苦労している」「なかなか〜できない」という意味です。trouble の代わりに difficulty を使うこともできます。

レベル4

★ 今夜のおさらい

❶ 最近よく眠れないんだよね。
I have trouble sleeping these days.

❷ なかなか自分の気持ちを出せないんだ。
I have trouble expressing my feelings.

❸ 自分のことを話すのは苦手なんだ。
I have trouble talking about myself.

❹ 会話を続かせるのに苦労するよ。
I have trouble keeping a conversation going.

> keep ... going は「〜を維持させる」という意味で使われるよ。

❺ 決断を下すのに苦労してるんだ。
I have trouble making decisions.

💤 **寝る前にもう一度**（答えはp.191を見よう）
A：朝起きるのつらいんだ。
B：分かる。冬だしね。

会話が深まる！ パターン23

★ 今夜おぼえるパターン

093

何とか〜できた
I managed to ...

会話

A: I managed to pass the promotion test.
何とか昇進試験に合格したよ。

B: Good for you. I know you worked really hard. Let's celebrate!
よかった。すごく頑張ってたよね。お祝いしようよ！

ポイント

「何とか〜した」「どうにかうまく〜した」という意味です。finally を入れて I finally managed to ... とすると、「やっとのことで，とうとう」という意味が加わり、より大変さを伝えることができます。

★ 今夜のおさらい

① 何とか終電に乗れた。
[I managed to] catch the last train.

② 何とか2キロ体重を落とせたよ。
[I managed to] lose 2 kilograms.

③ 授業中、何とか起きていられた。
[I managed to] stay awake during the class.

④ 何とかミーティングの日取りを決めることができました。
[I managed to] fix up a meeting.

⑤ 何とかいい考えを思いついたよ。
[I managed to] come up with a nice idea.

> come up with ... は「(アイデアなど)を思いつく」という意味だよ。

💤 **寝る前にもう一度**（答えはp.193を見よう）
A: 何とか昇進試験に合格したよ。
B: よかった。すごく頑張ってたよね。お祝いしようよ！

会話が深まる！ パターン23

★ 今夜おぼえるパターン

🌙 094

〜は絶対にしたくない
Last thing I want to do is ...

会話

A : Last thing I want to do is betray my friends.
友達を裏切ることは絶対にしたくないな。

B : Yes, I agree. It's a terrible thing to do.
同感。ひどいことだもんね。

ポイント

自分が絶対にやりたくないと思っていることを伝えるのに便利な表現です。last は「最後の」という意味なので、「最後にしたいこと」→「絶対にやりたくないこと」、となるわけです。

レベル4

★ 今夜のおさらい

① ウソをつくのは絶対にいやだ。
Last thing I want to do is tell a lie.

② あなたを傷つけるようなことは絶対しないよ。
Last thing I want to do is hurt you.

③ 両親を悲しませることは絶対にしたくない。
Last thing I want to do is make my parents sad.

④ お金の無駄遣いは絶対にしたくないな。
Last thing I want to do is waste money.

⑤ 人前で歌うのは絶対いや。
Last thing I want to do is sing in front of others.

> Last を First にすると、「最初にしたいこと」になるよ。

💤 寝る前にもう一度 （答えはp.195を見よう）

A: 友達を裏切ることは絶対にしたくないな。
B: 同感。ひどいことだもんね。

会話が深まる！ パターン23

★ 今夜おぼえるパターン

🌙 095

〜さえあればいい
All I need is ...

会話

A : All I need is one more day.
あと1日あればいいんだけどなあ。

B : You said that yesterday.
昨日もそう言ってたよ。

レベル4

ポイント

All I need is .... は「〜だけ必要だ」「〜さえあればいい」という表現です。「私が必要なすべてのことは〜」が転じて、「〜さえあればいい」という意味になります。

★ 今夜のおさらい

❶ きみの助けさえあればいいんだけどな。
All I need is your help.

❷ 友達さえいればいいわ。
All I need is a friend.

> All I want is ... でも同じようなことを表現できるね。

❸ 時間さえあればいいんだけど。
All I need is time.

❹ 必要なのは奇跡だけだね。
All I need is a miracle.

❺ 癒やしさえあればいいかな。
All I need is healing.

> I を you や we などにして使うこともできるよ。

💤 寝る前にもう一度 （答えはp.197を見よう）
A: あと1日あればいいんだけどなあ。
B: 昨日もそう言ってたよ。

会話が深まる！ パターン23

★ 今夜おぼえるパターン

🌙 096

もう〜した
I've already ...

会話

A : I've already finished all assignments.
課題はもう全部終わったよ。

B : You are so fast!
すごくはやいね！

レベル4

ポイント

今までやっていた動作が完了したことを言いたいときに使います。I've は I have の略です。already は「もう，すでに」という意味で，have と動詞の間に入れます。

★ 今夜のおさらい

① もう一人で昼食は済ませたよ。
I've already eaten lunch alone.

② 申込書はもう送ったよ。
I've already sent the application.

③ 私のフライトはもうキャンセルしたよ。
I've already canceled my flight.

④ もうお金使い果たしちゃった。
I've already spent all my money.

⑤ もう注文しました。
I've already given an order.

> 不規則変化の動詞がたくさん出てきてるね。要チェック！

💤 寝る前にもう一度（答えはp.199を見よう）

A: 課題はもう全部終わったよ。
B: すごくはやいね！

会話が深まる！ パターン23

★ 今夜おぼえるパターン

097

きみが〜すると思ってた
I knew you'd ...

会話

A: I knew you'd say that.
そう言うと思った。

B: Haha, typical of me, isn't it?
はは、いかにもだよね。

ポイント

相手が自分の予想通りの行動をしたときに使える表現です。期待通りの行動に喜んだり、やっぱりやってくれちゃったか…と残念に思ったり、言い方によって変わるのは日本語と同じです。場面に合わせて言い分けられるようにしましょう。

レベル4

★ 今夜のおさらい

1. やっぱり私のために戻って来てくれたんだね。
I knew you'd come back for me.

2. 私の気持ち、分かってくれると思ってたよ。
I knew you'd understand my feelings.

3. その質問、されると思った。
I knew you'd ask the question.

> you'd は you would の略だよ。

4. 「うん」って言ってくれると思ってた。
I knew you'd say yes.

5. 言い出すと思ったよ。
I knew you'd bring this up.

💤 寝る前にもう一度 (答えはp.201を見よう)

A: そう言うと思った。
B: はは、いかにもだよね。

会話が深まる！ パターン23

★ 今夜おぼえるパターン

098

～にはうんざり
I'm fed up with ...

会話

A : I'm fed up with this humid weather.
こういう湿気の多い天気，うんざり。

B : Yeah, sticky everywhere.
うん，どこもかしこもベタベタ。

ポイント

feed up ... は「～にたくさん食べさせる」という意味です。受動態の be fed up は「たくさん食べさせられる」，転じて be fed up with ... は「～にはもううんざり，飽き飽きだ」という意味になります。

レベル4

★今夜のおさらい

1. 彼女の行動にはもううんざりだよ。
[I'm fed up with] her behavior.

2. 彼のウソにはうんざり。
[I'm fed up with] his lies.

> 似た表現に I'm sick of …. もあるよ。

3. 8時から5時まで働くのってうんざりする。
[I'm fed up with] working from 8 to 5.

4. この手の話にはうんざりだよ。
[I'm fed up with] this kind of story.

5. 彼にはもううんざり。
[I'm fed up with] him.

> 「もう我慢も限界！」ってときは、このパターンを使ってみてね。よく伝わるよ。

💤 **寝る前にもう一度**（答えはp.203を見よう）
A: こういう湿気の多い天気、うんざり。
B: うん、どこもかしこもベタベタ。

会話が深まる！ パターン23

★ 今夜おぼえるパターン

🌙 099

〜できたらいいのに
I wish I could ...

会話

A: I wish I could say goodbye to him.
彼にお別れ言えたらいいのになあ。

B: It's a shame you can't see him off at the airport.
空港に見送りに行けなくて残念だね。

ポイント

実際にはできないけれど「〜できたらいいのに」と言いたいときに使います。誘いや頼まれ事を丁寧に断りたいときにも使える便利な表現です。

★ 今夜のおさらい

❶ 一緒に行けたらいいんだけど。
 I wish I could go with you.

❷ 魔法みたいなものが使えたらいいのになあ。
 I wish I could use some kind of magic.

❸ お役に立てず、すみません。
 I wish I could help you.

> この表現は依頼を丁寧に断るときに使えるね。

❹ 時間を巻き戻せたらいいのになあ。
 I wish I could turn back time.

❺ そこにいられたらいいのになあ。
 I wish I could be there.

💤 **寝る前にもう一度** （答えはp.205を見よう）

A: 彼にお別れ言えたらいいのになあ。
B: 空港に見送りに行けなくて残念だね。

会話が深まる！　パターン23

★ 今夜おぼえるパターン

100

〜するように言われた
I was told to ...

会話

A: I was told to read many books when I was little.
小さいころ，本をたくさん読むように言われたの。

B: That's why you know a lot.
だから物知りなんだね。

ポイント

〈tell＋人＋to＋動詞の原形〉で「人に〜するように言う」という意味です。ここでは過去形の受動態になっているので「〜するように言われた」という意味になります。

レベル4

★ 今夜のおさらい

1 その仕事をお昼までに片づけるように言われました。
[I was told to] finish the task before noon.

2 ここへ来るように言われたんだけど。
[I was told to] come here.

3 今すぐ彼に電話するよう言われました。
[I was told to] call him right away.

4 飲み物を買ってきてって言われたんだ。
[I was told to] go buy some drinks.

5 そこでじっとしてるよう言われたの。
[I was told to] stay there.

> 「頼まれた」と言うときは、told を asked にすればいいね。

💤 寝る前にもう一度 (答えはp.207を見よう)

A: 小さいころ、本をたくさん読むように言われたの。
B: だから物知りなんだね。

INDEX

黒字の文字は「今夜のおさらい」「ミニミニ会話」で登場する表現，赤字はパターンの表現を示しています。

あ

あいつの態度には我慢できないな。 61
アイデアが全然浮かばないや。 49
赤だったよね？ 22
あきらめるのは簡単だよね。 138
あげたいものがあるんだ。 40
朝起きるのつらいんだ。 191
朝ごはん食べたの？ 108
明日7時に起こすの忘れないでね。 120
明日会える？ 30
明日仕事を休んだ方がよさそう。 142
明日の夜、空いてるかなあと思って。 52
明日までにこれを仕上げないと。 44
新しい先生はどう？ 104
新しいテレビを買うつもりなんだ。 76
新しいパソコンを買おうと思ってるんだ。 136
あっちの天気はどんな感じだった？ 54
アットマークつけるの忘れないで。 120
あと1日あればいいんだけどなあ。 197
アドバイスをありがとう。 10
あなたちょっと失礼ですよ。 158
あなたは〜じゃないの？ 113
あなたを傷つけるようなことは絶対しないよ。 196
あの新しいお店の料理どうだった？ 54
あの女の人が誰だか思い出せないよ。 62
あの角を曲がったところにお寿司屋さんがあるよ。 18
あの人有名人だよね，確か。 133
〜があまり好きじゃない 123

雨にはもううんざり！ 106
〜をありがとう 9
(ここに)〜がある 15
〜がある 17
〜は／〜がある？ 87
アルバイトを探してるんだ。 128
あんなことしなきゃよかったよ。 182
あんなに夜更かししなければよかったな。 182

い

いい知らせ待ってるよ。 92
言い出すと思ったよ。 202
言うのは簡単。 138
家を早めに出ないと。 44
〜はいかがですか？ 117
息が切れちゃったよ。 50
医者に行かなくちゃ。 44
急がなきゃ。 44
急がなくてもいいよ。 102
いつお会いできるか知りたいのですが。 24
一緒に行けたらいいんだけど。 206
一緒に行ってもいい？ 30
一緒に来ませんか？ 118
一緒に働くのを楽しみにしています。 92
いつでも手伝うからね。 78
いつでも寝られる。 78
犬が怖いってわけじゃないんだけど。 150
犬を2匹飼ってるんだ。 40
今，失業中なんだよね。 50

209

今，何にもすることがないんだ。	39
今からランチに行くよ。	75
今すぐ彼に電話するよう言われました。	208
今すぐ行くよ。	12
今は何も食べる気がしない。	82
癒やしさえあればいいかな。	198
イライラさせるつもりはなかったの。	186
イライラしちゃってごめんね。	74
〜はいらない	105
言わないでおきます。	160

う

うかつだったな。	180
ウソをつくのは絶対にいやだ。	196
うまくいくといいなあ。	64
〜してうれしい	67
〜にはうんざり	203
「うん」って言ってくれると思ってた。	202
運転は下手だよ。	98

え

英語を習いはじめたんだ。	168
笑顔を忘れずにね。	120
駅に迎えに行くよ。	59
遠距離恋愛したことある？	130
遠慮せず質問してくださいね。	42

お

お会計は私がするよ。	80
お金がすべってわけじゃないよ。	149
お金がないや。	50
お金の無駄遣いは絶対にしたくないな。	196
起きていられなかったんだ。	86
お気に入りのミルク，買うの忘れないでね。	120
遅れてすみません。	74
怒らせてないといいんだけど。	64
お財布探してるの。	127
お伝えしておきたかっただけです。	184
訪れる価値はあるよ。	146
驚かせるつもりはなかったんだけど。	186
驚き！	26
お腹がすいてきた。	46
同じにしなくてもいいよ。	102
お名前をお聞きしてもよろしいですか？	42
お名前のスペルを言っていただけますか？	20
〜，お願いします	41
お願いだからもう宿題は出さないで！	106
お水ください。	116
お水を取っていただけますか？	20
〜と思うんだけど	133
おもしろい記事が載ってるよ。	16
おもしろい動画を見つけたよ。	154
おもしろそう！	36
きみが〜すると思ってた	201
お役に立てず，すみません。	206
お役に立てそうにありません。	164
お役に立ててうれしいです。	68
泳ぐのが大嫌いってわけじゃないけどさ。	150
〜は終わった？	107

女の子ならみんなチョコが好きってわけじゃないよ。……………………… 150

か

会議ですぐ眠くなっちゃうんだよね。
……………………………………… 137
会話を続かせるのに苦労するよ。…… 192
買う価値はあると思う。………… 146
確認しておきたかっただけだよ。…… 184
課題はもう全部終わったよ。………… 199
堅過ぎて噛めない。………………… 148
〜する価値がある ………………… 145
がっかりしたの，隠せなかったんだよね。
……………………………………… 86
楽器を演奏するのは得意じゃないんだ。… 98
彼女に電話をかけ直さないといけませんか？……………………………… 96
彼女の行動にはもううんざりだよ。…… 204
彼女のこと，あんまり好きじゃないんだよね。
……………………………………… 123
彼女のことが心配でしょうがないよ。… 176
彼女の名前，思い出せなかったの。…… 86
彼女の話には感動したよ。…………… 72
彼女は確か20歳だったと思う。……… 134
彼女を手伝ってあげたら？……… 122
彼女を励ますのに何て言ったらいいんだろう？
……………………………………… 100
彼が試験に受かる見込みはあるのかな？
……………………………………… 88
彼が何を考えてるか分かるんだ。…… 60
彼氏とはまだいい感じだよ。………… 58
彼氏と別れることにしたんだ。……… 169

彼氏に会ってほしいんだけど。……… 125
彼氏にそこまでは魅力，感じてないの。
……………………………………… 69
彼ってちょっと変わった人だよ。…… 162
彼と話したくなかったわけじゃないんだけどね。………………………… 150
彼とは終わっちゃったの？………… 108
彼にあんなこと言わなければよかった。
……………………………………… 181
彼にお別れ言えたらいいのになあ。
……………………………………… 205
彼に来るように言っておけばよかったな。
……………………………………… 180
彼に話しかけるチャンスがないか探してる。
……………………………………… 128
彼にはもううんざり。………………… 204
彼の新しいヘアスタイル，どう思う？… 140
彼のウソにはうんざり。……………… 204
彼の家族には会ったことがないです。… 144
彼の携帯に間違いないな。…………… 152
彼のことすぐ気に入るよ。…………… 138
彼のこと大好きだったけど，今はもう違うなあ。……………………………… 178
彼のことどう思う？………………… 104
彼のこと何か好きかも。……………… 161
彼の仕事ぶりには触発されたね。…… 72
彼の誕生日って1月だよね？………… 22
彼の話し方が好き。…………………… 14
彼は信用できる。……………………… 60
かわいい猫だなあ！………………… 25
完璧だね。……………………………… 38

211

き

着替えてくるね。 … 76
〜に聞こえる … 37
傷つけるつもりはなかったの。 … 186
来てくれてありがとう。 … 10
気に入ってくれるといいな。 … 63
昨日彼が言ったことが気になってしょうがないんだ。 … 176
昨日の夜は全然寝られなかったよ。 … 86
昨日パーティーに行けなかったよ。 … 85
きみにあげたいものがあるんだ。 … 16
きみの家,駅から近いんだよね? … 21
きみの時間を無駄にするつもりはなかったんだけど。 … 186
きみの助けさえあればいいんだけどな。 … 198
きみの努力次第だよ。 … 173
気難しい人の扱いには慣れてるよ。 … 94
急な依頼ですみません。 … 73
今日授業ないよ。 … 18
京都にいる友達のところに行こうと思ってる。 … 136
今日のお勧めをください。 … 115
今日の仕事はそろそろ終わりにしよう。 … 156
今日は仕事じゃなかったの? … 114
今日は仕事する気が全然しない。 … 82
今日は本当に寒い! … 28
今日はやたらついてる。 … 32
興味深いですね。 … 38
気を悪くさせるつもりはなかったんだ。 … 185

金欠なんだよね。 … 12

く

具合悪くて丸一日起きられなかったんだ。 … 71
クッキーもっとあるよ。 … 40
繰り返す価値はあるね。 … 146
〜するのに苦労してる … 191

け

決勝戦が楽しみ。 … 92
決断を下すのに苦労してるんだ。 … 192
健康的になってきてると思う。 … 45

こ

ご一緒しませんか? … 118
こういう湿気の多い天気,うんざり。 … 203
高校生のころ,この辺でよく買い物してた。 … 178
高校生のときに戻ったみたい。 … 66
高所恐怖症なんだ。 … 12
コーヒーはあまり好きじゃないよ。 … 124
コーヒーまだ残ってる? … 88
コーヒーを入れてくれるかな。 … 42
コーヒーをもう少しいかがですか? … 117
ここ,私が前に働いてたところだよ。 … 16
ここ気に入った? … 104
ここ少し寒いね。 … 158
ここで食べてもいい? … 132
ここで乗り換えしなくてはならないんですか? … 95
ここにいる方がいいや。 … 160

ここへ来るように言われたんだけど。 208
ここの仕事はどう？ ……… 104
コショウをいただけますか？ ……… 116
小銭持ってる？ ……… 90
ご注文をうかがいましょうか？ ……… 118
こっちもいいね。 ……… 14
子どものころ，よくここで遊んだなあ。… 177
この2つって何か違いがあるのかな？
……… 87
このアクセサリー，素敵！ ……… 27
この辺りは，それほど詳しくないです。
……… 70
この映画は見たことないよ。 ……… 144
この音楽あんまり好きじゃないなあ。… 124
この薬，1日2回飲まなきゃいけないの？
……… 96
このゲーム簡単だよ。 ……… 138
この決定についてどう思いますか？ … 140
このことは一生忘れないよ。 ……… 84
このことをどうやって彼に言ったらいん
だか。 ……… 188
このコンピューター，使いやすいよ。… 138
このシャツに合うネクタイを探してます。
……… 128
この種類の猫は見たことないなあ。 … 144
この章は終わった？ ……… 108
この書類を取っておかなければいけません
か？ ……… 96
このスペルで合ってるよね？ ……… 22
この近くに好きなレストランがあるんだ。
……… 18
このチョコ，すごく甘い！ ……… 28
この手の話にはうんざりだよ。 ……… 204

この箱を運ぶのを手伝っていただけます
か？ ……… 19
この服どう思う？ ……… 104
この辺で安く食べられるところある？
……… 112
この話題やめておけばよかったな。… 182
この夏ヨーロッパに行こうと思ってるんだ。
……… 135
〜してごめんなさい ……… 73
ごめんねを言うにはもう遅過ぎでしょ。
……… 148
これ3時までにやらなくちゃいけないの？
……… 96
これ以上残業ないといいなあ。 ……… 106
これ今やらないとだめですか？ ……… 96
これ使ってもいい？ ……… 30
これどうやったら直せる？ ……… 110
これどうやって開けるの？ ……… 110
これには喜んでお金出すよ。 ……… 68
これの使い方が分からないんだ。 …… 187
これの使い方を教えていただけますか？
……… 20
これはできないなあ。 ……… 62
これはやったことありません。 ……… 144
これやるの興味なくなっちゃった。 … 172
これを試着したいのですが。 ……… 24
これをどう対処していいのか分かりません。
……… 188
ご連絡お待ちしています。 ……… 92
怖くないの？ ……… 114
怖そう。 ……… 38
混んできた。 ……… 48
今回は絶対に折れないぞ。 ……… 84

コンサートはどうだった？	54
今度の土曜日，うちに遊びに来たら？	122
こんな大きなイベントに関わることができてうれしいです。	68
こんな感じだよ。	66
こんな買わなきゃよかった。	182
こんな服装でも大丈夫ですか？	132
今夜電話しても大丈夫？	132
今夜は早く寝た方がいいな。	141
今夜は勉強する気にならない。	82
今夜は満月だよ。	18

さ

最近，かなり痩せたよ。	172
最近彼と話す気にならないんだよね。	82
最近寒くなってきたね。	48
最近よく眠れないんだよね。	192
最後のデートからどのくらいだっけ？	190
最初からやり直すことにしたんだ。	170
~さえあればいい	197
~を探してる	127
昨夜はディナーに連れてってくれてありがとう。	9
~させて	79
寂しくないの？	114
寒さには慣れてるよ。	94
参加したいのですが，無理です。	24
残念だけど~	163
残念だけど，その日は空いてないんだ。	163
残念だけどもう行かなきゃ。	164

し

~の仕方が分からない	187
時間がない。	50
時間さえあればいいんだけど。	198
時間内にレポートを完成できなかった。	86
時間を巻き戻せたらいいのになあ。	206
試験は終わった？	108
自信なくしちゃったよ。	172
静かにしてください。	41
~次第だ	173
~したいのですが	23
~したことある？	129
~したことがない	143
~したら？	121
質問があります。	40
失礼な態度を取るつもりはありませんでした。	186
~していただけますか？	19
~してほしいです	125
~してもいい？	29
~しても大丈夫？	131
~しないといけない	43
~しなくちゃいけないの？	95
~しなくてもいいよ	101
~しなければよかった	181
~しはじめた	167
自分勝手過ぎるよ。	34
自分のことを話すのは苦手なんだ。	192
ジムに通いはじめたよ。	168
シャツを引っぱらないで。	56
週末どうだった？	54

授業中，何とか起きていられた。…… 194
状況次第ですね。…… 174
上司がどう思うかによります。…… 174
冗談だよね？…… 22
~しようと思ってる …… 135
初対面の人に会うのは苦手なんだよなあ。
…… 98
調べてみる価値はあるね。…… 146
心配させてごめんね。…… 74
新品みたい。…… 66

す

~が好き …… 13
~過ぎて…できない …… 147
すごい偶然！…… 26
すごいドジだわ私！…… 28
すごいね。…… 38
すごくいいアプリ見つけた。…… 154
すごくいいよ。…… 13
すごく痛そう。どうしたの？ …… 35
すごくおいしそう。…… 36
すごく緊張してる。…… 32
すごく才能あるもんね。…… 33
すごく幸せ。…… 32
すごく素敵！…… 28
すごく疲れてる。…… 31
すごく疲れてるから今はそれについて考えられないよ。…… 166
すごく眠い。…… 12
すごく優しいね。…… 34
すごく笑えるもの見つけたよ。…… 154
少し右に動いていただけますか？ …… 20
すっごく気分がいい。…… 32

すっごく恥ずかしい。…… 32
スマホ見つかった！…… 154
~することに決めた …… 169
~する準備はできてる …… 77
~するつもりはなかった …… 185
~するのは簡単 …… 137
~する方がいい …… 159
~するように言われた …… 207
~する気がしない …… 81
~すればよかった …… 179

せ

整理整頓は苦手なんだ。…… 97
絶対誰にも言わないからね。…… 84
絶対に~しない …… 83
~は絶対にしたくない …… 195
詮索するのはやめなよ。…… 56
先生になることに決めた。…… 170
洗濯終わったの？ …… 108
全部はやらなくてもいいよ。…… 101

そ

そう言うと思った。…… 201
そうに決まってるよ。…… 152
そこ行ったことない。…… 144
そこでじっとしてるよう言われたの…… 208
そこにいられたらいいのになあ。…… 206
そこにはどうやって行けばいいですか？
…… 110
(私は)そこまで~じゃない …… 69
そこまで頭よくないって。…… 70
そこまではお腹へってないんだよなあ。…… 70
そっちの方がいいな。…… 14

215

外は春みたいだよ。	65
外を出歩くには暑過ぎるよ。	147
そのことは心配しなくても大丈夫だよ。	102
その仕事をお昼までに片づけるように言われました。	208
その質問，されると思った。	202
そのニュースを聞いてショックだった。	72
その計画についてどう思いますか？	139
その時イライラしてた。	72
それ，どのくらい冷蔵庫の中に入ってたの？	189
それきみのだよね。	151
それ手伝うよ。	60
それ手伝わせて。	80
それについていい考えある？	90
それはきみの見方次第だよね。	174
それ読んだことない。	143
そろそろ〜する時間だよ	155
そろそろ起きる時間よ！	155
そろそろ帰る時間だね。	156
そろそろ仕事に戻ろう。	156
そろそろ寝る時間だよ。	156
そろそろまじめにやろうよ。	156
そんな格好で寒くないの？	114
そんなくだらないことしないよ。	84
そんなことする理由ある？	88
そんなに緊張しなくても大丈夫ですよ。	102
そんなにまじめにとらないでいいよ。	102

た

ダイエットしたら？	121
ダイエットをやめてどのくらい？	190
大学生です。	11
大丈夫そうだよ。	36
大丈夫な気がしてきた。	168
高過ぎて今は買えない。	62
高過ぎて買えないな。	148
高そうだね。	36
ただ〜したかっただけ	183
ただ〜してるだけ	51
ただいま。	12
ただぶらぶらしているだけだよ。	52
楽しいに決まってる。	152
〜が楽しみ	91
頼んだものがまだ来ないのですが。	58
タバコ，やめたら？	122
たぶんパーティーに来ると思うよ。	134
たぶん〜した方がいいな	141
たぶん計画を変えた方がいいな。	142
たぶんそれにもっとよく目を通すべきですよね。	142
食べ過ぎなきゃよかった。	182
食べる準備はできてるよ。	78
黙ってた方がいいな。	142
たまには彼に電話してあげたら？	122
試してみる価値はあるね。	145
〜だよね？	21
だらだらしてないで，はじめなよ。	55
誰かと話したかっただけなんだ。	184
だんだん暗くなってきた。	48
だんだん腹が立ってきた。	46
暖房つけてもいい？	30

ち

小さいころ，本をたくさん読むように言われたの。 …………………………… 207
〜に違いない ……………………… 151
近々引っ越そうかと思ってるんだ。 …… 136
チケットはどこで買えますか？ …… 112
父親の育休についてどう思う？ …… 140
貯金しはじめたんだ。 ……………… 168
ちょくちょく手紙ちょうだいね。 …… 126
ちょっと〜 ………………………… 157
ちょっとアドバイスさせて。 ……… 80
ちょっと言わせてもらいたいんだけど。 …… 79
ちょっと遅れちゃう。 ……………… 157
ちょっと気になっただけ。 ………… 51
ちょっときみの声を聞きたかっただけなんだ。 …………………………… 184
ちょっと興味持っただけだよ。 …… 52
ちょっと具合悪いかも。 …………… 162
ちょっと知っておきたかっただけです。 …… 184
ちょっと疲れた。 …………………… 158
ちょっと遠過ぎるな。 ……………… 158
ちょっとの間うるさくしても大丈夫？ …… 132
ちょっと話せるかな？ ……………… 30
ちょっと見せて。 …………………… 80
ちょっと寄ってみただけだよ。 …… 183

つ

つい〜しちゃう …………………… 175
つい親に口答えしちゃう。 ………… 176
ついそれをしちゃうんだよね。 …… 176
ついてないなあ。 …………………… 50
つい笑っちゃうよ。 ………………… 175
疲れ過ぎて〜できない …………… 165
疲れ過ぎてこれ以上先に行けないよ。 …… 166
疲れ過ぎて集中できないな。 ……… 165
疲れ過ぎてもう勉強できないよ。 …… 166
疲れてきた。 ………………………… 46
疲れてないの？ ……………………… 114
疲れ過ぎて何もできないな。 ……… 166
疲れ過ぎてもうこれ以上働けないな。 …… 166
疲れてるみたいだね。 ……………… 134
次に進む準備万端。 ………………… 78
次に何をするべきかな？ …………… 100
つまらなそうなんだけど。 ………… 37

て

ディナーの予約，ここにしようと思ってる。 …………………………… 136
出かける気分じゃないなあ。 ……… 82
手紙だよ。 …………………………… 15
〜できたらいいのに ……………… 205
〜ができない ……………………… 61
〜できなかった …………………… 85
〜ができる ………………………… 59
出口見つけたよ。 …………………… 154
〜でした …………………………… 71
(私は)〜です ……………………… 11
テストはどうだった？ ……………… 53
手伝ってくれてありがとう。 ……… 10
手伝ってもらえないかな。 ………… 126
天気によるね。 ……………………… 174
伝言をおうかがいしましょうか？ …… 118
転職することにしました。 ………… 170

217

と

- 〜はどう？ ……………………… 103
- 〜についてどう思う？ ………… 139
- 東京に引っ越すことにしたよ。 … 170
- どう言葉にしたらいいのかなあ。 … 188
- どうしたら元彼とよりを戻せるかな？ … 110
- 同席してもいい？ ……………… 132
- 〜はどうだった？ ……………… 53
- どうやったら〜できるの？ ……… 109
- どうやって説明したらいいんだろう。 … 188
- どうやったらあなたみたいに英語を話せるようになるの？ ………… 110
- どうやってそこに行ったらいいか分かんない。 …………………………… 188
- どうやって彼女にお願いしたらいいかな。 ………………………………… 109
- 〜は得意じゃない ……………… 97
- 読書はあまり好きじゃないんだ。 … 124
- 時計なくしちゃった！ ………… 171
- どこで〜できるの？ …………… 111
- どこで試供品をもらえますか？ … 112
- どこでもっと情報をもらえますか？ … 112
- どこで会える？ ………………… 111
- どこに座ったらいい？ ………… 112
- 年とったなあ。 ………………… 46
- どっちかというと今夜は外食したいな。 ………………………………… 160
- とっても思いやりがあるね。 …… 34
- （気分が）とても〜 ……………… 31
- （あなたって）とても〜 ………… 33
- どのくらい〜？ ………………… 189
- どのくらいの間雨が降ってるの？ … 190

- 友達さえいればいいわ。 ……… 198
- 友達を裏切ることは絶対にしたくないな。 ……………………………… 195
- どんなに大変だったか想像もつかないよ。 ……………………………… 62

な

- 〜がない ………………………… 49
- 泣かないで。 …………………… 56
- なかなか言いにくいんだけど…。 … 162
- なかなか自分の気持ちを出せないんだ。 … 192
- なかなかよさそうだね。 ………… 36
- 長過ぎてクローゼットに入らないや。 … 148
- 〜をなくした …………………… 171
- （私は）〜になってきてる ……… 45
- 〜になってきてる ……………… 47
- 夏より冬の方が好き。 …………… 14
- 名前を覚えるの苦手。 …………… 98
- 何か ……………………………… 161
- 何かいい話でもあるの？ ………… 88
- 何か彼女に伝えておくことはありますか？ ……………………………… 90
- 何か辛いもの食べたいな。 ……… 23
- 何か食べるもの探してるんだけど。 … 128
- 何かチョコみたいな味がする。 … 162
- 何かの間違いでしょ。 ………… 152
- 何か飲みたいのですが。 ………… 24
- 何か別のを試した方がいいみたい。 … 142
- 何からはじめたらいいんだろう。 … 100
- （私は）何を〜すべきかな？ …… 99
- 〜には慣れてる ………………… 93
- 何かちょっと変だよ。 ………… 158
- 何かつまんない。 ……………… 162

何て〜！	25, 27
何ていい考え！	26
何て優しいの！	28
何とか〜できた	193
何とかいい考えを思いついたよ。	194
何とか終電に乗れた。	194
何とか昇進試験に合格したよ。	193
何とか2キロ体重を落とせたよ。	194
何とかミーティングの日取りを決めることができました。	194
何となくそう思っただけ。	52

に

日曜日に何か予定ある？	89
日本に来てどのくらいたちますか？	190
日本のハロウィーンパーティーについてどう思いますか？	140

ね

ねえ，聞いて。	42
〜を願ってる	63
ネットで買うのはあまり好きじゃないの。	124
ネットで検索してみたら？	122

の

| 飲み物を買ってきてって言われたんだ。 | 208 |
| ノロウイルスにかかったことある？ | 130 |

は

パーティー楽しみだなあ。	92
パーティーに何を持って行ったらいいかな？	99
はい，おつりです。	16
はい，ジャケット。	16
歯がものすごく痛い。	40
パソコンは得意じゃないです。	98
母の誕生日に何をあげたらいいかなあ？	100
母への贈り物を探してます。	128
早起きには慣れてるんだ。	94
早くよくなるといいね。	64
早過ぎて起きられない。	148
ハワイ旅行どうだった？	54
歯を磨くの忘れないでね。	120
ハンバーガーを1つ，お願いします。	42

ひ

秘書として働きはじめました。	168
必要なのは奇跡だけだね。	198
ひと口もらっていい？	29
人混みはあまり好きじゃないんだよね。	124
人前で歌うのは絶対いや。	196
人前で話すのには慣れています。	94
一人暮らしには慣れてるんだ。	93
一人で行く方がいいや。	160
日に日に暑くなってきてるなあ。	47

ふ

フィンランドに行ったことある？	130
富士山に登ったことある？	130
ぶつぶつ言わずにはいられないよ。	176

へ

| ペット飼ってる？ | 90 |

219

変だね。………………………………… 38

ほ

他に何か質問はありますか？ ……… 90
ほっとした！ ………………………… 26
本がいっぱい！ ……………………… 26
本当に意地が悪いね。 ……………… 34
本当に大人げないね。 ……………… 34
本当のことを話してほしい。 ……… 126
ほんの冗談だよ。 …………………… 52

ま

前は早起きしてたんだけどね。 …… 178
前はメガネをかけてたよ。 ………… 178
前はよく〜した ……………………… 177
前はよく残業してたよ。 …………… 178
前もって聞いておけばよかったよ。 … 180
前もって知っておくべき情報はあるかな？
 ……………………………………… 88
(私は)まだ〜 ………………………… 57
また会うの楽しみにしてるよ。 …… 91
また会えてうれしい。 ……………… 67
またお会いしたいです。 …………… 24
まだ怒ってる。 ……………………… 58
また傘をなくしちゃった。 ………… 172
まだ考え中。 ………………………… 57
またここに来られてうれしい。 …… 68
まだ仕事中だよ。 …………………… 58
またすぐ会いたい。 ………………… 62
まだ話してるんだけど。 …………… 58
まだ返事がないね。 ………………… 18
まだ準備できてないの？ …………… 113
また太ってきちゃってさ。 ………… 167

まだまだ時間はあるよ。 …………… 17
間違えてしまってすみません。 …… 74
待っててくれてありがとう。 ……… 10
窓を開けてもいい？ ………………… 131
間に合いそうにありません。 ……… 164
魔法みたいなものが使えたらいいのになあ。
 ……………………………………… 206
まるで別世界だね。 ………………… 66

み

〜に見える …………………………… 35
〜みたいだね ………………………… 65
見たことしか言えないよ。 ………… 60
〜が見つかった ……………………… 153

む

難しいはずだよねえ。 ……………… 152

め

迷惑かけてないといいんだけど。 … 64
迷惑をかけてしまってごめんなさい。… 74
メールありがとう。 ………………… 10
メールするの，忘れないでね。 …… 119
面接に何を着ていったらいいかな？ … 100

も

もう〜した …………………………… 199
もうあそこには行かないよ。 ……… 83
もういいかな，ありがとう。 ……… 105
もう家に帰りたいかな。 …………… 159
もう行かなきゃ。 …………………… 43
もう一度言っていただけますか？ … 20

もう一度話し合う価値はあるんじゃないかな。……………… 146
もう一度メニューをください。……… 116
もうお金使い果たしちゃった。……… 200
もう終わった？……………………… 107
もうこの騒音には我慢できない。…… 172
もうこんな時間だね。………………… 48
申込書はもう送ったよ。……………… 200
もう冗談はやめてよ。………………… 106
もうすぐ30歳になる。………………… 76
もう少し一緒にいられるよ。…………… 60
もう少しいればよかったな。………… 179
もうそこまでTVゲームにはまってないよ。
……………………………………… 70
もう頼むもの決まったよ。……………… 77
もう注文しました。…………………… 200
もう出かける準備はできてるよ。……… 78
もう泣かないで。……………………… 106
もう寝るところだよ。………………… 76
もう１ついただけますか？…………… 116
もう一人で昼食は済ませたよ。……… 200
〜持ってる？…………………………… 89
〜を持ってる／〜がある……………… 39
もっといい仕事が見つかったの。…… 153
もっと気をつけてればよかったよ。… 180
もっと写真撮っておけばよかったなあ。
……………………………………… 180
もっと練習しなくちゃ。………………… 44
〜をもらえますか？…………………… 115
文句言わないでよ。…………………… 56

や

野球を見るのが好きなんだ。…………… 14

安ければいいってわけじゃないよね。
……………………………………… 150
やっぱり私のために戻って来てくれたんだね。……………………………………… 202
〜するのはやめて……………………… 55
やめておきます。……………………… 160
やめてよ！……………………………… 56

ゆ

夕食を食べに行かない？……………… 118

よ

用意できたら教えてね。………………… 80
よかったね。……………………………… 68
よくなってきてるよ。…………………… 48
予算によります。……………………… 174
〜する予定……………………………… 75

ら

来月１週間休みを取ろうと思ってるんだ。
……………………………………… 136
来週彼女に会う予定だよ。……………… 76

り

留学することにしたよ。……………… 170
両親を悲しませることは絶対にしたくない。
……………………………………… 196
料理する気分じゃないなあ。…………… 81
料理どう？……………………………… 103
旅行するのは慣れているの。…………… 94
旅行楽しんできてね。…………………… 64

221

わ

ワインのおかわりをいただけますか？ …… 116
別れてからどのくらいなの？ ………… 190
ワクワクしてきた。………………… 46
訳が分からなくなってた。………… 72
〜というわけじゃない ………………… 149
〜するの忘れないでね ………………… 119
私，そこまで強くないよ。………… 70
私と一緒に来てほしいんだけど。…… 126
私にとっては悪夢だわ。…………… 66
私の気持ちは変わらないよ。………… 84
私の気持ち，分かってくれると思ってたよ。
……………………………………… 202
私のこと，どう思う？ …………… 140
私のフライトはもうキャンセルしたよ。
……………………………………… 200
私の夢，見たことある？ ………… 129
私のレポートに目を通してくれないかな。
……………………………………… 126
悪いけど，すごく忙しいんだ。……… 164
悪いけど，それ得意じゃないんだよね。
……………………………………… 164

英数

1万円かかると思う。……………… 134
5分かかると思う。………………… 134
8時にはじまるんだよね？ ………… 22
8時から5時まで働くのってうんざりする。
……………………………………… 204
UFOを見たことある？ …………… 130

寝る前5分　暗記ブック　英会話フレーズ集〈基礎編〉

著者紹介：
株式会社メディアビーコン
1999年創業。語学教材に特化した教材制作会社。TOEIC，TOEFL，英検をはじめとする英語の資格試験から，子供英語，中学英語，高校英語，英会話，ビジネス英語まで，英語教材全般の制作を幅広く行う。特にTOEICの教材制作には定評があり，『TOEIC®テスト新公式問題集Vol.5』の編集制作ほか，TOEIC関連企画だけでも120冊以上担当している。出版物としての教材制作のみならず，英会話学校のコース設計から指導マニュアルの開発，大手進学塾の教材開発，eラーニング，英語学習アプリまで，多角的な教材制作が可能な数少ない制作会社。「語学の力で世界中の人々の幸せに貢献する」をモットーに，社員一同，学習者の笑顔を想いながら教材の研究開発を行っている。

編集協力	：佐藤美穂，渡辺泰葉
カバー・本文デザイン	：山本光徳
本文イラスト	：高村あゆみ
英文校正	：Stuart Warrington
録音・編集	：一般財団法人　英語教育協議会（ELEC）
ナレーター	：Howard Colefield，Kimberly Tierney，桑島三幸

※赤フィルターの材質は「PET」です。
◆この本は下記のように環境に配慮して製作しました。
・製版フィルムを使用しないCTP方式で印刷しました。
・環境に配慮して作られた紙を使用しています。

Ⓒ Media Beacon, Inc.　2016 Printed in Japan
本書の無断転載，複製，複写（コピー），翻訳を禁じます。本書を代行業者等の第三者に依頼してスキャンやデジタル化することは，たとえ個人や家庭内の利用であっても，著作権法上，認められておりません。